"Muchos Más Clientes"

Un sinfín de IDEAS diferentes para vender mucho más.

- Salvador Figueros -

Copyright © 2018, Salvador Figueros.

Todos los derechos reservados.
Prohibida la reproducción total o parcial de este libro,
en ningún formato, sin la autorización por escrito del autor.

Publicado por
Fast Food Publishing

Impreso en España

Salvador Figueros
"Un Millón de Clientes"

Esta publicación ha sido diseñada para proveer información en relación al contenido cubierto. Se distribuye con el entendimiento de que tanto el autor como el editor no tienen la obligación de prestar consejo legal o de cualquier otro tipo. Si el consejo legal, asistencia o ayuda de cualquier otro experto fuese necesaria, se deberían contratar los servicios de un profesional.

*"A todos los que venden consciente
o inconscientemente."*

Índice

Introducción
Deja de hablar y …   10

Clientes
¿Por qué fallan los sistemas?   14
No es lo mismo   15
¿Qué piensan tus clientes?   18
La ley de Hannibal   19
Capta clientes con imaginación   21
No quiero tu dinero   24
El momento de la verdad   27
Cuánto vale un cliente   30
¡Bye Bye cliente!   34
Post-Mortem   38

Diferencia
No quiero ser un commodity   42
Las diferencias no tienen porqué ser grandes   43
Hay cosas que no cambian nunca   44
La poesía también vende   45
La creatividad funciona   47
La increíble historia de Paddi Lund   50
Las camisetas de Hard Rock   53
Locos por el Bacon   56

Estrategia
Nunca traiciones tu promesa   60
Compromiso   61
Cabeza de ratón   63
Necesitas un pelador de patatas   65

¿Qué significa "USP"?	66
¿Por qué hay que decir que NO?	68
¿Cómo conseguir clientes gratis?	70
Spaghetti Selling	80
Un poquito más es un gran negocio	82
50% Más de ingresos con esta Estrategia	85
Rápido gana a bueno	91
Vender más hoy, mañana, pasado mañana	93
Welcome back cliente	96
Tienes los clientes que te mereces	101

Networking

Mejora tu Networking	106
¿Sabes cómo comunicar mejor?	108
¿Cómo me pueden recomendar más?	109
¡Re-Networking!	111
¿Qué hacer en una reunión de Networking?	113
Preguntas para hacer Networking	117

Presentaciones

Cuenta historias que vendan	124
¿Cómo son las buenas historias?	126
¿Qué diferencia a los grandes oradores?	128
Menos cosas, mejores Presentaciones	131
¿Cuánto tengo que preparar mis presentaciones?	132
Las presentaciones de negocio son show business	134
Empieza con un terremoto	136

Oferta

¿Has dicho "Oferta especial"?	140
Vender más con menos	141
¿Cómo multiplicar el resultado de tus ofertas?	144
Riesgo cero	146
Aumenta el precio gritando	149

¿Cuánto vale mi producto?	151
Precios altos y precios bajos	153

Promoción

El perro de Paulov y la promoción de ventas	158
Sólo tienes que contestar una pregunta	160
Pequeñas cosas	161
"Gratis" es un pato	162
12 Pasos para vender más	165

Técnicas

Las piñatas y las ventas	174
Más marketing, por favor	176
Las mejores ventas no se cierran nunca	179
Postre o café	181
¿Qué preguntas tienes?	183
Tom Sawyer, el mejor vendedor del mundo	185
Estas 7 palabras van a aumentar tus ventas	187
Aprende a conectar	191
La fuerza de un nombre	193
El mejor momento para hablar con tus clientes	195

Negociación

El factor más importante	200
¿Hay que hacer la primera oferta?	201
Tiempo y Negociación	204
El secreto menos conocido	205
¿Cuándo debo cerrar una Negociación?	208
Guía rápida de Negociación	210

Servicio

Trata a tus clientes como reyes	224
¿Qué puedes hacer para mejorar tu servicio?	226

10 Frases que no puedes decir   228
Clientes enfadados   229
¿Cómo puedo mejorar mi servicio con una jirafa?   231
La diferencia entre muy bueno y excelente   233
Conexiones humanas   236

Errores

30 Razones por las que no vendes más   240

INTRODUCCIÓN

*"El éxito consiste en ir de fracaso en fracaso
sin perder el entusiasmo."*

-Winston Churchill-

¡Deja de Hablar y ...!

"El Cliente es el Rey" (desconocido)

"Si no te ocupas de tus Clientes, alguien lo hará por ti" (desconocido)

"Los Clientes no esperan que seas perfecto. Esperan que les soluciones su problema" (Donald Porter)

"El objetivo de una compañía es servir a sus Clientes de una forma inolvidable" (Sam Walton).

"Los productos se pueden imitar, pero una cultura de servicio al Cliente increíble no se puede copiar" (Jerry Fritz).

"Vender sin preocuparte por tus Clientes es como meter dinero en un bolsillo lleno de agujeros" (David Tooman)

"Si seguimos poniendo grandes productos delante de nuestros Clientes, seguiremos abriendo sus carteras" (Steve Jobs)

"Los negocios consisten en dar un servicio increíble a nuestros Clientes" (Ross Perot)

"Los consumidores son estadísticas. Los Clientes son personas" (Stanley Marcus)

"Cada tienda de Wal Mart" debería reflejar los valores de sus Clientes" (SamWalton)

"El mayor activo de un negocio son sus Clientes. Sin ellos no hay negocio" (Michael Leboeuf)

"Las compañías deben confirmar que su capacidad para dar un gran servicio a sus Clientes acompaña a su crecimiento" (Arthur Levitt)

"Pienso en nuestros Clientes todo el tiempo. No tiene sentido crear ropa y accesorios que no son prácticos" (Giorgio Armani)

"Si ofreces una gran experiencia, los Clientes se lo contarán unos a otros. El boca a boca es muy poderoso" (Jeff Bezos)

"En marketing sólo me ha funcionado una estrategia: sirve a tus mejores Clientes primero, a tus mejores Clientes potenciales después y al resto del mundo al final" (John Romero)

"Sirve a tus Clientes la mejor comida, a buen precio en un restaurante limpio y volverán. Siempre vuelven" (Dave Thomas)

"Es tan importante experimentar lo que nuestros Clientes experimentan y escuchar sus comentarios" (David Neeleman)

"Nunca trates a tu audiencia como Clientes. Siempre como socios" (Jimmy Stewart)

"No saber cómo piensan tus Clientes es como vivir en una realidad alternativa" (Bo Bennett)

¡Ahora, deja de hablar de tus clientes y empieza a ACTUAR!

Capítulo 1
CLIENTES

"El mayor activo de cualquier compañía son sus clientes porque sin ellos no hay compañía."

-Michael LeBoeuf-

¿Por Qué Fallan Los Sistemas?

De niño, me gustaban las casetas de tiro. Eran la atracción más divertida de las ferias. Te daban un fusil. Te decían donde apuntar. Lo demás dependía de ti. De tu puntería para conseguir el premio.

En cierta ocasión, estaba disparando. Lo hice bien. El monigote que estaba sobre el palillo cayó fulminado.

¡Buen disparo, chaval! Sí, había sido bueno. Había acertado de lleno. ¡Buen disparo, pero... no hay regalo!

¿Por qué? ¡Le he dado! Sí, le has dado al monigote. Al monigote de... al lado. Al monigote de otro. Los tuyos llegan hasta aquí. A partir de ahí, no son tuyos. Ésa es la historia.

Los Sistemas de Ventas

Tengo la sensación de que los sistemas de ventas fallan porque empiezan en las ventas. Suena raro, pero es así.

Objetivos, planificación, cartera de clientes, cuadro de visitas,... Hay un montón de elementos. Todos entran en juego cuando hablamos de las ventas. Si quieres ser ortodoxo, tienes que manejarlos. Tienes que tener un plan. Un plan que empieza en las ventas.

Eso es lo que dice la ortodoxia. Piensa el plan. Define el plan. Trabaja el plan. Si lo haces, los resultados llegan.

Puede ser... o puede que no. Creo que hay que empezar un poco antes. Creo que hay que anticiparse a la venta.

Empezar en un lugar diferente

Es demasiado tentador no hacerlo. Si puedes, disparas. Luego, si eso... preguntas. Cuando empiezas por las ventas, estás actuando así. Disparando. Hay pocas preguntas.

Seguro que es divertido, pero no tiene porqué funcionar. Disparar es parte del juego, pero no es el juego.

La clave son las preguntas. Nos preguntamos poco. No hay que buscar grandes preguntas. Son las de siempre, pero hay que contestarlas bien.

"Quién es mi cliente" es una gran pregunta. Hay que hacérsela más veces. ¿Por qué? Porque los clientes cambian. Se mueven.

Cuando no te preguntas lo suficiente, no sabes dónde están. Disparas por inercia. Puedes acertar. Ocurre en ocasiones. Puedes acertar, pero el regalo no es tuyo.

No Es Lo Mismo

No es demasiado complicado. Si tienes que pensar cuál es la clave de tu negocio, todos estamos de acuerdo. La clave de tu negocio es dar a tu cliente lo que quiere.

La idea es sencilla. Intuitiva. Cuando tienes claro qué es lo que quiere tu cliente, sólo tienes que entregárselo.

El resto no es complicado. Diseñar, producir, promocionar,... es fácil. Es fácil cuando sabes qué es lo que quiere tu cliente.

Puedes hacerlo tú. También puedes dárselo a otros. No es demasiado relevante. Sabes lo que tu cliente quiere y eso es lo que importa.

Al final, sólo tienes que contestar esta pregunta: ¿qué quiere?

Lo que crees que quiere tu cliente

Por lo general, ésta es la tendencia natural. La que tenemos todos. Empiezas por lo que crees que quiere tu cliente.

De alguna forma, tienes una intuición. Una experiencia. Lo que sea. Poco a poco lo vas convirtiendo en algo distinto. Terminas por creer que es así. Que no es algo que has ido elaborando. Terminas por creer que tu cliente quiere lo que tú quieres que quiera.

Muchas compañías trabajan así. No tienen demasiado éxito. Quizá, alguno de vez en cuando.

Es un modelo sencillo. No necesita demasiadas cosas. Es sencillo, pero no funciona. No funciona por una única razón. No funciona porque tú no eres tu cliente.

Lo que tu cliente cree que quiere

Este modelo es distinto. Es menos endogámico. Al final, el que importa de verdad es el cliente. Hay que preguntarle... y le preguntas.

La lógica es buena. ¿Por qué? Porque vas a la fuente de la información. De donde sale todo. Vas e intentas saber qué es lo que realmente le importa. Lo que le interesa.

Cuando el tema es evidente, puedes encontrar respuestas. Puedes dar con las claves necesarias.

Otras veces es más complicado. No es tan obvio. El cliente no sabe lo que quiere. Mejor, no sabe todo lo que quiere. Seguro que tiene una idea. Todos la tenemos. Pero, a veces, la idea no es suficiente.

Tu cliente cree que quiere... Prueba... Luego no es así. No había un interés real. Era otra cosa. Hay que saber más.

Lo que tu cliente quiere de verdad

Cuando es transparente es transparente. Cuando no lo es, tu cliente no lo sabe.

La necesidad existe. Sin necesidad no hay producto que pueda triunfar. La necesidad existe, pero tu cliente no es consciente todavía.

Hay miles de ejemplos. Teléfono, ordenadores, vídeo,... Hay un montón de ejemplos de productos que nadie quería. Nadie quería hasta que aparecieron. Nadie quería porque no podían imaginarlos.

Esto ocurre con los productos innovadores. Cuando das un salto en el tiempo. Cuando no se produce una evolución lineal. Esto ocurre con todo lo que es demasiado nuevo para que entiendas como puede mejorar tu vida.

Aquí, no vale preguntar. No sirve de mucho. Aquí, lo que funciona es experimentar. Sácalo. Haz pruebas. Tests. Mira cómo tus clientes se relacionan con tu producto. Cómo lo utilizan. Qué valor le dan. Dalo a conocer y estudia las reacciones. No hay muchas más alternativas.

No es lo mismo. Lo que tú crees que quiere tu cliente, lo que tu cliente cree que quiere y lo que quiere de verdad no es lo mismo. No tiene porqué coincidir. No coincide nunca.

La clave está en saber qué quiere tu cliente. No es fácil. Él tiene la contestación. A veces, no lo sabe.

¿Qué Piensan Tus Clientes?

Todos queremos información. Queremos saber qué piensan nuestros clientes. Tiene que ser así. Los clientes son la sangre de tu negocio. Si no hay sangre, no hay negocio.

Para eso sirven las preguntas. Los formularios que intentan saber cuál es la percepción de tus clientes. Cómo valoran tu servicio. Qué les ha parecido tu producto.

La fórmula tradicional

Formulas muchas preguntas. Preguntas que te dan pistas. Que te dicen por dónde tirar. Preguntas que te proporcionan toda la información que necesitas.

Ésa es la manera de actuar. Al menos, es la típica. Luego, entregas el cuestionario a tus clientes o lo dejas junto al buzón de sugerencias o montas cualquier otro sistema para que te hagan llegar sus ideas.

Si tienes suerte, tus clientes te escriben algo. Te cuentan cosas sobre tu negocio. Cosas que puedes aprovechar.

Suena bien, pero...

El sistema suena bien, pero tiene un fallo. Es un sistema de opiniones. Tus clientes opinan sobre tu producto o servicio. Te dicen lo que creen que es. No te dicen lo que es. ¿Por qué? Porque es una opinión, un recuerdo.

Los sistemas basados en opiniones pueden funcionar, pero pueden ser engañosos. Las opiniones pueden estar desconectadas de la realidad o no. En cualquiera de los dos casos no tienes la posibilidad de confirmarlo. Son sólo opiniones.

¿Qué piensan realmente tus clientes?

Hay otras maneras de hacerlo. De saber qué piensan de verdad tus clientes. No hay preguntas. No hay formularios que rellenar ni nada parecido. No los necesitan porque no interesan las opiniones.

Estas fórmulas intentan conectar con la realidad. Intentan conectar con los hechos.

Cuando quieres saber qué piensan tus clientes, puedes pedirles su opinión. Te puede dar una idea, pero es mucho mejor conocer su comportamiento. Qué es lo que realmente han hecho. Qué han comprado. Dónde han gastado su dinero. Dónde realizan el esfuerzo.

Ésa es la fórmula adecuada. La que te da las mejores pistas. La que te dice lo que funciona y lo que no funciona. Ése es el sistema.

Todo está ahí. En lo que realmente ha hecho tu cliente. En su comportamiento con el dinero.

Si quieres saber qué piensan de verdad tus clientes, no busques sus opiniones. Recuerda que los clientes votan con sus carteras.

La Ley de Hannibal

Hay una secuencia fantástica en "El Silencio de los Corderos" en la que el psiquiatra Hannibal Lecter le dice a Clarice que "quieres lo que ves".

Es una especie de mensaje encriptado con la fórmula secreta para descubrir al asesino. En realidad, el mensaje es sencillo.

Deseas aquello que ves. Lo que te resulta familiar. Lo que conoces.

No deseas lo que no conoces. No puedes. No es posible. No sabes que existe.

¿Qué conocen tus clientes?

Tus clientes conocen lo que conocen. No tienen porqué conocer más. Si quieres despertar su interés por un nuevo producto, un nuevo servicio, un nuevo... tienes que enseñárselo. Tienes que mostrárselo. Tienes que hacer que lo entiendan.

La relación con tus clientes funciona así. Tienen que ver para desear. Tú eres el encargado de que lo hagan. Tú eres el encargado de enseñarles. A ti te toca educarles en tus productos y hacerles ver.

La prioridad

Hay una prioridad por encima de otras. Si eres emprendedor, tu primera responsabilidad es educar a tus clientes. Cuando educas a tus clientes, les enseñas. Les haces ver.

Después, las cosas suelen ser distintas. Demasiado foco en el producto. Está bien, pero hay que ir más lejos.

Sí, hay que centrarse en el producto. Hay que hablar de lo que aporta. De cómo mejora la vida de tus clientes.

Pero, también, hay que hablar del entorno. De tu papel, del papel de tus productos en el entorno. De la categoría de productos. De todas las posibilidades.

Si aumentas la educación de tus clientes, te conviertes en su referencia. Ganas su confianza. Generas credibilidad. Aumentas sus opciones. Te conviertes en su elección y aumentas tus probabilidades de ingreso.

La Ley de Hannibal

Las palabras de Lecter son parte de la historia del cine, pero también son parte de la historia del marketing. La historia de las compañías que entienden que a los clientes hay que guiarles, llevarles de la mano y educarles.

Las que lo hacen siguen la Ley de Hannibal, mejoran la relación con sus clientes e ingresan más.

Capta Clientes Con Imaginación

¿Cómo captar clientes? Ésa es la pregunta. Los clientes son el punto de partida. Ahí es donde empieza el negocio. Tu producto es fantástico, tu servicio tiene un nivel increíble, tu... ¿Tienes clientes? ¿No? No tienes negocio.

Es así. Los clientes son la esencia. Es la razón por la que has montado tu negocio. Sí, los productos son importantes, pero los clientes son el negocio

Cómo captar clientes según Duchesne

Duchesne fue un dentista francés del siglo XIX (historia vía "El Dentista del siglo XXI"). Antes de empezar a sacar dientes, hizo un poco de todo. Prestidigitador, fisonomista, ventrílocuo, saltimbanqui, charlatán,...

Poco a poco se va aficionando a la medicina. Estudia en Montpellier e inicia su práctica como oculista. El trabajo no le llena demasiado y empieza a interesarse por el mundo de los dentistas. Al final, se convierte en uno de los especialistas más conocidos de Francia.

Para captar clientes hay que ir a por ellos

Duchesne se hizo famoso por la fórmula que utilizaba para captar clientes.

Los dentistas tradicionales trabajaban en sus gabinetes. A solas. Se hacían con una clientela más o menos fiel. Si el dentista era bueno, se corría la voz y poco a poco iban llegando más. Era un proceso lento, pero daba sus frutos.

Duchesne era distinto. No tenía nada que ver con sus colegas. Su estrategia se situaba en el otro extremo.

Se subía en su carroza, se colocaba sus mejores galas y se dirigía a las plazas más populares de París.

Duchesne no esperaba a que los clientes fuesen a su gabinete. Sacaba su gabinete a la calle e iba a buscarlos.

Hay dos fórmulas para captar clientes. Puedes esperar o puedes ir a por ellos. Son dos fórmulas distintas y tienen resultados muy diferentes. La segunda arrasa. No hay más comentario.

Para captar clientes hay que hacer algo distinto

... o no. También puedes hacer lo que hacen los demás. Entonces, debes esperar los resultados que tienen los demás. No está mal, pero no es sorprendente.

Duchesne detenía su carroza en los sitios más populares de París. Desde allí, desde lo más alto de su carroza, llamaba la atención de la gente. Realizaba trucos de mago, hacía malabarismo con cuchillos, lanzaba...

Utilizaba todo su conocimiento para resultar atractivo y captar la atención de todos los que andaban por allí. Lo conseguía. Primer objetivo logrado.

La diferencia vende. Es así. Cuando eres distinto sobresales. Cuando promocionas tu producto de una manera diferente, resultas atractivo. Cuando haces lo que no hacen los demás, no tienes competencia.

Para captar clientes hay que invertir

Todos se agolpaban alrededor de su carroza. Los trucos eran atractivos y enseguida contaba con un montón de admiradores. Ahora había que dar un paso más. Ahora tenía que conseguir su primer cliente del día.

Duchesne ofrecía unas monedas al primer valiente. A aquél que quisiera ser su primer cliente del día. Una inversión controlada para poder demostrar de lo que era capaz.

Siempre había alguien dispuesto. Alguien que, por unas monedas, le ayudaba a promocionar su producto. A mostrar a todos sus cualidades de dentista.

La promoción es una parte importante de cualquier negocio. Sin promoción no hay ventas. Bueno... hay muchas menos. Tienes que promocionar tu producto. Tienes que invertir en fórmulas que te ayuden a contarle al mundo de lo que eres capaz. Tienes que hacerlo con inteligencia, pero tienes que hacerlo.

Puedes captar clientes como te parezca más oportuno. También puedes hacerlo como lo hacía Duchesne. A mí me gusta la segunda fórmula. Es la mejor manera para captar más clientes de los que puedas manejar.

¡No Quiero tu Dinero!

Hay un dicho popular que dice que el cliente siempre tiene la razón. ¿La tiene? Seguramente es discutible. Lo que es claro es que no es lo mismo pensar que el cliente es lo más importante que darle la razón sin más.

Que el cliente es lo más importante es obvio. Él es el que tiene el dinero. Nosotros sólo tratamos de ofrecerle un producto o servicio lo suficientemente atractivo como para que intercambie su dinero por nuestra oferta. Si no hay clientes, se acaba el negocio.

Que el cliente tenga siempre la razón es otra historia. Puede o no puede tenerla. En cualquier caso, cuando surge un conflicto puede ser por una de estas dos razones:

a.- Existe la percepción de un problema por parte del cliente.

b.- El cliente no es el adecuado.

Si estamos en el caso "a", el problema es sencillo. Escucha al cliente, ponte en su lugar y dale una contestación satisfactoria. Si es un problema real, soluciónalo. Si es un problema en la mente del consumidor, soluciónalo igualmente.

Los clientes que están en este caso son importantes. Estos clientes son la esencia de tu negocio. Poco importa que tengan más o menos razón. Si ellos piensan que la tienen, cubre sus expectativas. Recuerda que cuesta entre 5-10 veces más conseguir un cliente nuevo que mantener uno que ya tienes en cartera.

Cuando tu cliente se encuentra en el caso "b" las cosas son diferentes. En tu plan de negocio, has definido el perfil de tu público objetivo (mercado). Los clientes que no están dentro de ese perfil, no son clientes tuyos.

¿Qué significa esto? Fácil. No hagas negocios con clientes que no son los adecuados. Clientes a los que nunca podrás servir adecuadamente porque buscan otras cosas.

¿Entonces...? ¿No quieres su dinero? No, no lo quieres. Eso es todo. Tu negocio ha sido diseñado para otro tipo de mercado. Respétalo.

Cuando un cliente esté en el caso "b", deshazte de él. Sin más. Cuanto más tiempo tardes en hacerlo, más esfuerzo y dinero te costará librarte de él. No quieres clientes que:

1.- Protestan constantemente. Si lo hacen, es porque tu producto nunca será el adecuado. Da lo mismo lo que les vendas. Nunca estarán satisfechos. Ellos han confundido el proveedor y tú has confundido el cliente. No pasa nada. Se interrumpe la relación y a otra cosa. Él feliz y tú feliz.

2.- Piden todo tipo de cambios. Cuando realizas todos los cambios que te solicitan, tu producto ha dejado de ser tu producto y es otra cosa distinta. Entiende la diferencia entre adaptación y alteración. Adaptarse tiene sentido. Es complicado que un producto cubra las necesidades de todo el mundo. Si te adaptas, estás recorriendo el pequeño camino que hay entre la necesidad del cliente y lo que tu producto ofrece. La alteración no tiene nada que ver con esto. Cuando el cambio pasa por alterar lo que ofreces, estás tocando la naturaleza de tu producto. Lo estás transformando en algo diferente. Ése no es tu producto, ése no es tu mercado y ése no es tu cliente. No entres en el juego de las alteraciones.

3.- No pagan o les cuesta mucho hacerlo. El objetivo de los negocios es ganar dinero. Tiene poco que ver con sufrir. Cuando un cliente no paga, tienes que hacer el siguiente análisis. Si es un cliente nuevo, se acaba el análisis. Se le reclama la deuda y se interrumpe la relación comercial. Imagínate que inicias una nueva amistad. Todavía, no hay ningún tipo de confianza. A las primeras de cambio, empieza a comportarse de una manera poco adecuada. ¿Qué harías con una persona a la que conoces poco y no se comporta correctamente? ¿Le darías muchas oportunidades? Seguramente no. Los inicios de las relaciones son delicados y todos deben poner mucho de su parte. Si no lo hacen, es porque no le dan demasiado valor a esa relación. ¿Por qué deberías dárselo tú? Cuando el cliente es un cliente de tiempo, el tema es diferente. Todos pasamos momentos malos. Es ahí cuando queremos tener cerca a la gente que se preocupa por nosotros. Analiza la situación. Si puedes colaborar a que las cosas se solucionen e intentar volver a la normalidad, hazlo. Tendrás un cliente contento y entregado cuando lleguen los momentos buenos.

4.- Te consumen demasiado tiempo. El tiempo es un bien precioso. No lo tires. Piensa que cuando estás haciendo algo no estás haciendo otra cosa. ¿Qué te parece? Es decir, si inviertes tu tiempo en algo que no es productivo, pierdes la oportunidad de hacerlo en algo que te puede aportar mucho más. Tu producto está diseñado para cubrir una necesidad. Para conseguirlo, utilizas unos recursos. Cuando tu cliente demanda muchos más recursos que los que definiste en su momento, estás empezando a perder dinero. Empiezas a ofrecer algo para lo que no estás preparado a un cliente que quiere otra cosa. Ese cliente no es tuyo.

Tu negocio es como un coche que funciona con gasolina. Cuando le echas sin plomo 95, el coche se pone en marcha y funciona. Si te confundes y le echas diésel, el coche se bloquea y no se mueve hasta que lo reparas.

Los clientes poco adecuados son como el diésel. Cuando les sirves, estás haciendo daño a tu negocio.

Échale un vistazo a tu cartera de clientes e identifica realmente a todos aquellos a los que merece la pena servir. El resto no debe ocupar tu tiempo.

El Momento De La Verdad

Ya has realizado la venta. Fantástico. Has aumentado tu base de clientes. Ahora, empieza una etapa nueva.

Reflexiona por unos instantes sobre el proceso mental que llevas a cabo cuando realizas una compra.

Tienes una necesidad. Buscas un producto o servicio que pueda cubrirla. Analizas el valor que te puede proporcionar y lo traduces en dinero. Si ese dinero es igual o está por debajo del precio que han fijado, lo adquieres.

El proceso de compra siempre funciona igual. Pagas un precio por algo y esperas que cubra las expectativas en términos de valor. Si las superas, perfecto, tendrás un cliente satisfecho. En caso contrario, el tema se complica.

"El valor de lo que compras tiene que igualar o superar tus expectativas".

¿Qué pasa cuando no cumples?

Te voy a dar algunos datos que pueden resultar interesantes para que entiendas hasta qué punto te puede afectar estar por debajo de las expectativas de tu cliente.

Cuando se produce un problema con un cliente:

a.- Sólo el 5% reclama.
b.- El 90% de los que tienen el problema no vuelve nunca.
c.- Se lo cuentan a una media de 20 personas.
d.- Un cliente nuevo cuesta seis veces lo que te cuesta retener a uno antiguo.
e.- El valor de la vida del cliente es diez veces mayor que el valor de la reclamación.

Como puedes ver, no cubrir las expectativas de tus clientes no es un buen negocio. No saber gestionar la insatisfacción de tus clientes y sus reclamaciones puede afectar de forma muy negativa a tus resultados.

Pero cuando lo haces bien...

Todo no son malas noticias. Si eres consciente de la importancia de estar a la altura de las expectativas de tus clientes y resuelves sus problemas, puedes darle la vuelta a la situación:

a.- Si resuelves el problema, 7 de cada 10 permanecerán contigo.
b.- Le contarán la experiencia positiva a 5.
c.- Y, lo más importante, una mejora del 10% en tu capacidad de retención puede hacer aumentar tus ingresos en un 50%.

Los números pueden ser éstos u otros en función del estudio que utilices. Da lo mismo. La diferencia es abismal. Si quieres que tu negocio siga desarrollándose, préstale mucha atención a tus clientes actuales, a los que ya tienes en cartera. Pon todos los medios para retenerles.

Las ventajas de los clientes de siempre

Cuesta menos servirles: servir a un Cliente Repetidor es más fácil y más barato que servir a un Cliente Nuevo. Los clientes Repetidores ya te conocen, conocen tu compañía y conocen tu manera de funcionar por lo que no tienes que volver a invertir tiempo y dinero en enseñarles, de nuevo, como tratar con tu empresa.

Compran productos de mayor nivel: Los Clientes Repetidores son más propensos a comprar productos más caros y de mayor margen. Cuanta más confianza desarrollan, menos dudas tienen sobre tus productos.

Suelen ser más rentables: Las compañías que consiguen retener más clientes tienen una mayor probabilidad de aumentar sus ingresos ya que los Clientes Repetidores suelen ser clientes más rentables. Compran productos o servicios de mayor precio y cuesta menos servirles. Esta combinación les convierte en clientes ideales.

¿Qué hacer para que no se vayan?

Construye un sistema sencillo para evitar que tus clientes se marchen y se lleven su negocio a otro sitio:

Define una política. Escribe las normas básicas que hay que seguir para satisfacer a tus clientes y gestionar situaciones difíciles. No es necesario que reflejes hasta el último detalle. Da las líneas maestras para que conozcan el marco en el que tienen que moverse.

Entrena a tu equipo. Haz que todo el mundo en tu compañía entienda la importancia que tienen los clientes y entrénales para que sepan cómo tratarlos. Es importante que el equipo conozca las líneas maestras y entiendan el espíritu de relación con los clientes que quieres implantar. A partir de ahí, tienen que ser capaces de encontrar soluciones válidas para todas las situaciones que se puedan producir.

Realiza un seguimiento. De nada te servirá todo lo que estás haciendo si no sigues los resultados. El seguimiento te permite conocer lo que no termina de funcionar como a ti te gustaría. Si conoces donde se producen los problemas puedes intentar corregirlos. De otra forma, puedes tener un sistema que no funciona y que sigue en marcha por pura inercia y sin ningún resultado.

El momento de la verdad de tus clientes empieza cuando acaban de comprar tu producto o servicio. Es ahí donde está el dinero, donde puedes hacer que tu negocio esté por encima del de tu competencia.

¿La fórmula secreta para conseguirlo? No hay grandes fórmulas, pero hay algo que nunca falla:

"Promete menos de lo que puedes entregar y entrega más de lo que has prometido"

¿Cuánto Vale Un Cliente?

Ésta es una pregunta que puede llegar a aterrorizarte. ¿Por qué? Porque no te la haces con demasiada frecuencia y, cuando te lo preguntas, no terminas de encontrar una respuesta que te convenza.

Bien, yo te voy a dar la contestación. Un Cliente vale tu negocio. Sí, así de sencillo. Vale tu negocio y, si quieres que tu negocio sobreviva y tenga una vida agradable y feliz (lo que lamentablemente no le ocurre a todos), tendrás que empezar a preocuparte por el valor de los clientes.

Es sorprendente como muchos emprendedores encuentran un producto o servicio que creen que puede cubrir la necesidad de un grupo de personas, montan su pequeño negocio y empiezan a comercializarlo. Si todo funciona, los primeros clientes van llegando y a partir de ahí esperan que todo vaya rodado.

¡No actúes así! Lo cierto es que las cosas no van rodadas a menos que les dediques toda la atención y esfuerzo que merecen. Si lo has hecho bien y has conseguido que los primeros clientes te muestren sus maravillosas tarjetas de crédito, has dado un primer paso de gigante, pero sólo es un primer paso. A partir de ahí, te queda prácticamente todo. No te desanimes, no pasa nada. Sólo tienes que entender que para obtener resultados recurrentes tienes que realizar esfuerzos constantes. Tiene sentido, ¿no?

Lo primero que tienes que asumir es que estás en el mundo de los negocios. ¿Y esto qué quiere decir? Fácil, estás en el mundo de servir a OTROS. Mira como he escrito en mayúscula la palabra OTROS (una vez más). Esto va de entregar a los demás lo que ellos quieren y hacerlo una y otra vez, y cada vez hacerlo mejor. ¿Qué pasará si no lo consigues? Tus clientes se marcharán a otro sitio donde sí lo hacen, y ahí empieza uno de los dramas de todo negocio: se pierde el cliente.

Aquí, puedes pensar: "bueno, no me hace especialmente feliz, pero ya lo sustituiré por otro". Si ésta es tu reflexión, estás confundido. Verás que en este punto soy bastante claro: "estás confundido". Los clientes son la base de todos los negocios. Conseguir clientes no es fácil. Conseguir clientes es caro. Conseguir clientes constantemente no está al alcance de todo el mundo.

Para resolver este problema, lo primero que tienes que hacer es cambiar tu mentalidad. Hasta ahora has pensado que un cliente es una persona que acude a ti cuando tiene una necesidad y la cubre a cambio del precio que hayas fijado para la misma. No está mal, pero no es una definición completa de cliente. Yo te voy a pedir que cambies de mentalidad y veas al cliente como un activo (algo que en este momento te pertenece pero que puedes llegar a perder). Este activo te permite generar ingresos en el momento actual, pero, lo que es mucho más importante, te permitirá generar ingresos en el futuro. Cuando este activo desaparece, desparecen con él los ingresos futuros. ¿Lo ves? Cuando tu cliente se marcha, se van con él todos tus rendimientos futuros y es ahí donde empiezan de verdad los problemas.

Ahora mismo, vamos a ver una manera muy sencilla de calcular estos ingresos futuros, pero antes me gustaría que pensases en la cantidad de pequeños negocios (y muchos grandes) que no reflexionan sobre este concepto. Todo el mundo sabe que perder un cliente no favorece su negocio, pero al final son conceptos poco definidos. ¡Es malo, pero no sé cómo de malo es!

Si volvemos al planteamiento del Cliente como un activo que has adquirido y que te puede dar unos rendimientos en el momento actual y en el futuro cercano, podemos hacernos una idea clara del impacto económico que tiene para nuestro negocio perder un cliente. Vamos allá.

1.- La primera idea que debes tener clara es la del coste de adquisición de un cliente. ¿Esto qué es? Para conseguir un cliente, tienes que realizar un esfuerzo económico: una promoción, un anuncio en prensa, regalos, una fiesta,... Independientemente de lo que hagas, siempre habrá un coste asociado a esa acción. Así es como empieza tu ciclo de ventas y tu primer contacto con el cliente. No esperes mover a las masas si no realizas ningún esfuerzo.

2.- Después, una vez que has conseguido atraer a tu cliente, realiza su primera compra. Ya tienes una cantidad que te puede servir como punto de referencia para ver cuál es el comportamiento del cliente con tu negocio en términos de ingresos.

3.- Servir a un cliente no es gratis. Tendrás que tener en cuenta el coste anual que te supone poder dar el servicio que tu cliente demanda. Este coste disminuirá los ingresos que recibes de cada cliente. Es interesante apuntar que, en la medida en que tus clientes están más tiempo contigo, los costes de servicio suelen disminuir porque el cliente está más familiarizado con tu manera de proceder.

4.- Si no has perdido al cliente después de la primera compra, habrá compras posteriores que podrán ser de cantidades similares o superiores en función de la naturaleza de tu negocio. Por lo general, cuando el cliente te ha conocido y le has gustado, suele establecerse una relación de confianza que hace más fácil que puedas venderle a ese cliente productos de mayor precio.

5.- Ahora, entra en juego uno de los conceptos más importantes de cualquier negocio: la vida media de un cliente. ¿Qué significa todo esto? Los clientes se relacionan contigo y con tu negocio durante un tiempo. Si la relación es positiva, la duración de la misma será mayor. Si, por el contrario, las cosas no funcionan como nos gustaría, la relación se rompe pronto. Analizando el comportamiento de tus clientes y el tiempo de relación que tienen contigo, puedes calcular, aproximadamente, la media de años que durará esa relación.

Ya tienes todos los elementos para calcular cuánto vale un cliente. Para hacerlo fácil, vamos a ver un ejemplo: imagina que tu coste de adquisición por cliente (publicidad, marketing directo, promociones,...) es de 50. Los ingresos por cliente y año son 100 (vamos a suponer que los ingresos son los mismos todos los años –sin embargo, la lógica nos diría que con el aumento de confianza también aumentan los ingresos anuales) y los costes anuales asociados al servicio que le ofreces son 60. Ahora sólo tienes que aplicar a la fórmula el número de años que el cliente comprará tus productos o servicios antes de irse a la competencia y ya tienes el valor del cliente. Vamos a ver algunos ejemplos:

Valor de la vida de un cliente con una vida media de un año:

-50 adquisición + 100 ingresos – 60 costes = -10

Valor de la vida de un cliente con una vida media de dos años:

-50 adquisición + (100 ingresos – 60 costes) x 2 = 30

Valor de la vida de un cliente con una vida media de diez años:

-50 adquisición + (100 ingresos – 60 costes) x 10 = 350

Cómo puedes ver, según va aumentando la vida de un cliente va aumentando su valor. De todo esto puedes sacar dos conclusiones importantes: primera, pon todos tus esfuerzos en alargar la relación con tus clientes; segunda, cuando un cliente se va, estás dejando escapar sus ingresos anuales (menos lo que te cuesta servirle) multiplicados por el número de años que le quedan para alcanzar la duración media de la relación con tu compañía. En una situación donde la vida media de un cliente es de 10 años (siguiendo con el ejemplo anterior), si tu cliente se marcha después del segundo año, dejarías de ingresar 320.

En cualquier caso, da lo mismo que sean más o menos años, más o menos ingresos, lo que debe quedarte claro es que, cuando un cliente se marcha, estás perdiendo un activo que te da dinero ahora y que te dará dinero en el futuro. Además, reponer ese activo te va a suponer un esfuerzo económico importante.

Espero que, si tenías alguna duda, la hayas despejado. Los clientes lo son todo para un negocio. Es muy difícil conseguir uno. No le dejes marchar sin hacer todo lo posible para retenerle. Cuando tu cliente se va, con él se desvanecen parte de tus ingresos futuros. Es así.

¡Bye Bye Cliente!

Resulta increíble como muchas pequeñas compañías dedican una cantidad de recursos considerable a la captación de clientes. Sin embargo, una vez que han conseguido que prueben sus productos o servicios no le prestan la debida atención y terminan perdiéndolos.

Si lo piensas detenidamente, la situación es perversa. Estás obligado a seguir captando clientes constantemente para intentar cubrir el hueco que te dejan los que te han abandonado y mantener, así, el nivel de tus ingresos. Es una auténtica locura.

¿Por qué no cuidan a sus clientes como se merecen? Es difícil de entender. Mucho más si tienes en cuenta que captar a un cliente nuevo cuesta entre 5 y 10 veces lo que te costaría retener a uno que ya es comprador habitual. Además, si tienes en cuenta que un cliente no vale únicamente lo que consume en el año en curso, sino que su valor se extiende a lo largo de los años que dure la relación con tu compañía, el tema es serio.

Si quieres construir un negocio rentable, te recomiendo que revises tu política de retención de clientes. Sin un buen servicio que te asegure una cierta estabilidad en tu base de clientes, vas a tener problemas reales para poder desarrollar tu compañía como tienes planeado.

En cualquier caso, una buena manera de empezar a tomar conciencia sobre el tema consiste en entender porqué se marchan tus clientes. Los motivos pueden ser muchos y es probable que varíen de una compañía a otra, pero, generalmente, hay una serie de explicaciones que suelen aparecen con bastante frecuencia:

1.- Diferencia entre lo que esperaban percibir y lo que realmente han recibido. Esta es una de las principales razones por las que los clientes abandonan una relación comercial y se van con la competencia. Ten mucho cuidado con lo que prometes y nunca prometas más de lo que puedas dar. Los ingleses le llaman a esto *"overpromise"* (excederse en la promesa) y es una bonita manera de definirlo. Lo cierto es que tu preocupación debería ser la contraria: entregar más que lo que el cliente espera. La explicación es obvia. Si esperas recibir 100 y recibes 120 por el mismo precio, estarás encantado con tu compra, pensarás que te han tratado de miedo, esperarás que se produzca de nuevo cuando vuelvas a comprar y tu predisposición será magnífica. Parece razonable, ¿no?

2.- Problemas con el pedido. No hay nada que pueda molestar más a un cliente que tener dudas sobre las condiciones de su pedido (mucho más cuando ya ha pagado por ello). Órdenes de compra que se pierden, pedidos que no se sirven, retrasos en los envíos, errores en el producto, desperfectos en la mercancía recibida, etc. son la peor carta de presentación para tu compañía y una bonita invitación al abandono.

3.- Servicio postventa inadecuado. Sí, empieza a pensar que la venta no termina con la salida del producto o prestación del servicio. La venta termina con la satisfacción de tu cliente y para poder conseguirla tienes que resolver todas tus dudas. Adelántate a lo que pueda pasar, analiza tu producto o servicio, intenta anticipar todos los problemas para que el cliente se sienta cómodo y pueda resolver las dudas con el material que le has facilitado. Pero, si al final sigue teniendo dudas, tendrás que estar ahí para solucionárselas y hacer que su experiencia con tu producto sea lo suficientemente agradable como para que vuelva a probar.

4.- Trato incorrecto. Los negocios se hacen entre personas y, como decía Gabriel García Márquez, las personas sólo quieren que les quieran, que traducido a nuestro mundo quiere decir algo así como: "trátame bien" (más aún si soy tu cliente y me estoy gastando el dinerito, que me cuesta tanto ganar, comprando tus productos). Basta ya de telefonistas poco amables, recepcionistas con cara de haba, dependientes que no te miran a la cara cuando te hablan, etc. Si quieres mi dinero, trátame bien y si no lo haces me llevaré mi dinero a otro sitio donde sí lo hagan.

5.- Precio alto. Si tu cliente piensa que puede cubrir su necesidad con una alternativa a un precio menor o con un sustituto más barato, es seguro que verás emigrar a un gran número de tus compradores. Ten cuidado con tu entorno y presta atención, en todo momento, a lo que te rodea con el fin de que el precio de tu producto no quede fuera de juego.

6.- Características obsoletas. Estamos en un mundo que evoluciona constantemente. Gracias a los últimos avances, la tecnología está al alcance de todo el mundo. Ahora, todo va mucho más deprisa. Es importante que vayas actualizando las características y funcionalidades de tus productos con el fin de evitar que se queden obsoletos.

7.- Aumento de la competencia. Si estás operando en un sector donde las barreras de entrada son bajas (no se necesita mucho capital para empezar, no se requieren conocimientos específicos,...) y los rendimientos son razonables, las probabilidades de que tengas que enfrentarte a una gran competencia son muchas. La mejor fórmula para combatir la competencia es diferenciarte de ellos. Cuando tu producto ofrece lo que ofrecen los demás y tiene las mismas características, terminarás, lamentablemente, peleando con precios a la baja. Incorpora novedades, mejora las funcionalidades, mantente por delante de tus competidores y conseguirás que los clientes piensen en ti como algo único que no pueden ni deben comparar con otras alternativas.

8.- Mala imagen. Si por cualquier circunstancia, tu compañía o tu producto se ve asociado a un hecho conflictivo, es probable que ese hecho contamine tu imagen. Ten cuidado con este tipo de situaciones porque los clientes huyen de todo lo que puede tener connotaciones negativas. Si se diese el caso, intenta solucionarlo cuanto antes con el fin de cortar la sangría de clientes.

9.- Falta de contacto. En determinados sectores como puede ser la consultoría, puedes enfrentarte a la fuga de clientes por no mantener un cierto contacto con tu base de compradores. Imagina que has terminado un proyecto para un cliente y cortas la relación con él hasta que surja una nueva oportunidad. Seguramente, el contacto se irá enfriando y, cuando aparezca esa nueva oportunidad, habrá otro que ocupe tu sitio al haberse ganado la confianza de tu excliente cuando tú no estabas.

10.- Cambio de ciudad o muerte. Aunque no ocupa uno de los primeros lugares en esta lista, hay que contemplar que un pequeño porcentaje de clientes te dejan porque cambian de ciudad o, simplemente, se mueren.

En el momento en que analices las causas y entiendas porqué se marchan tus clientes habrás dado el primer paso para retenerlos. A partir de ahí, podrás definir la estrategia más adecuada para conseguir que tus clientes sigan contigo durante mucho tiempo. ¿Quieres tener un negocio rentable? Pues ya sabes lo que tienes que hacer.

Post-Mortem

Cuando piensas en clientes, piensas en tus clientes. En los que compran tus productos. Te entregan su dinero. Son los clientes tradicionales. Los clientes en los que pensamos todos.

Está bien pensar un poco más allá. Pensar que hay más tipos de clientes. De hecho, hay muchos, pero hay dos grandes grupos. Los clientes vivos y los clientes muertos.

Los clientes vivos son ésos en los que pensamos todos. Los que están contigo todos los días. Los que mueven tu negocio.

Los clientes muertos son ésos en los que pensamos menos. Son los clientes que han dejado de ser clientes. Los que te han dejado por otro. Adiós. "Au revoir". Éstos también pueden mover tu negocio.

El enfoque tradicional

Primero lo primero. Primero hay que prestar atención a lo que tienes. ¿Quiénes son? ¿Qué hacen? ¿Cómo se relacionan contigo? ¿Qué quieren? ¿Cómo puedes conseguir más?

Es el enfoque tradicional. El que se centra en lo que tienes e intenta sacarle el máximo partido.

Es un enfoque que trabaja con la cantidad, la frecuencia y el nivel. ¿Cómo hacer que consuman más? ¿Cómo hacer que consuman más veces? ¿Cómo hacer que consuman productos de precios más altos?

Cuando sabes cómo hacerlo, las cosas funcionan bien.

La importancia de los clientes muertos

Es más interesante hablar de los clientes vivos. ¿Por qué? Porque son más evidentes, están ahí. Pero hay mucho más. Hay más enfoques.

El enfoque de los clientes muertos es menos convencional. Se ven menos. Al fin y al cabo, se han marchado. No quieren nada contigo. Es una etapa cerrada.

Puede ser, pero es una etapa que hay que cerrar bien. Hay que cerrar bien si quieres aprovecharla. Si quieres que te ayude a mejorar tu negocio.

Los clientes muertos son una fuente inagotable de información. Una fuente de información que necesitas.

El Análisis Post-Mortem

Es una expresión extraña. Suena rara. Da lo mismo. Es una expresión valiosa.

Post-mortem es sinónimo de "qué pasó". Un análisis post-mortem es un análisis de las causas de la muerte. ¿Cuándo se produjo? ¿Qué la causó? ¿Dónde ocurrió?... Puedes poner tú las preguntas.

Tienes que hacer un análisis post-mortem de tus clientes. Sí, hay que hacerlo. Tienes que saber porqué se fueron, cuándo te dejaron, qué ocurrió,... Tienes que hacerlo porque tu negocio depende de ello.

La lógica es sencilla. No puedes evitar que tus clientes se vayan, no puedes retenerlos si no sabes porqué se van. Sólo cuando conoces las causas puedes encontrar soluciones.

Es increíble el número de compañías que no prestan atención a esta situación. Se conforman con pensar que saben qué ocurrió. No vale. Tu intuición no va a aumentar tu tasa de retención. No funciona así.

La única manera de retener clientes es preguntarles porqué se van. Identificar las causas y poner soluciones. Otra cosa es engañarse.

Los clientes son la base de un negocio. Los clientes vivos son la base de un gran negocio. Los clientes muertos son la base de un negocio excelente.

CAPÍTULO 2

DIFERENCIA

*"Quiero ser diferente. Si todo el mundo viste de negro,
yo quiero vestir de rojo."*

-Maria Sharapova-

No Quiero Ser Un "Commodity"

Si no has tenido la oportunidad de trabajar en mercados financieros o no has tenido relación con compañías anglosajonas, es probable que no sepas lo que significa la palabra "Commodity".

Wikipedia define "Commodity" como un bien que no tiene una diferencia cualitativa. El mercado trata los commodities como productos iguales, independientemente de quién lo produzca. Ejemplos de commodities son el petróleo y el cobre."

Da lo mismo

La principal característica del mercado de commodities es que el papel del proveedor es irrelevante. Da lo mismo quién lo produzca. Como el producto es el mismo, lo importante no es quién lo produce sino cuánto se produce.

El precio es inversamente proporcional al volumen

El dato más importante de un commodity es su producción. Cuanto más hay menos vale. Cuando se aproxima un huracán que amenaza plataformas petrolíferas a su paso, el precio del crudo aumenta drásticamente descontando una posible caída en la producción en un futuro cercano. Cuando la cosecha de maíz es fantástica, el precio del commodity se hunde por el exceso de producto en el mercado.

¿La calidad? Mientras que el producto se encuentre dentro de los estándares fijados, se entiende que la calidad es la misma para toda la oferta.

Tipos de Commodities

Hay dos grandes tipos. Los que se negocian en los mercados de futuros (petróleo, cobre, maíz, soja, trigo,...) y el resto.

Los últimos hacen referencia a todos los negocios que son iguales. Negocios que sólo interesan en la medida en que incrementan la oferta en el mercado.

Puedes ser un commodity o no. Es tu elección. Depende de lo que quieras para tu negocio. Los productos commodities no son buenos ni malos. Son complicados. Cuando estás en este tipo de mercado, la variable importante son los costes. Si tienes los costes más bajos del mercado, es una gran estrategia. Por lo general, está reservada a compañías grandes capaces de generar ahorros increíbles.

Cuando no tienes el tamaño suficiente o estás empezando, la estrategia debe ser diferente. Cuando eres pequeño tienes que escapar de la comoditización. No pelees con los grandes que tienen más recursos, más tamaño y menos costes. No tienes ninguna posibilidad.

No quiero ser un commodity. Tú tampoco deberías serlo. Mira a tu alrededor. Observa a tu competencia. Estudia lo que hacen. Cómo se mueven. Cuando lo tengas claro, aléjate de ellos tanto como puedas. Cuanto más lejos estés de todo, mayor control tendrás sobre tu destino.

Las Diferencias No Tienen Porqué Ser Grandes

Cerca de donde vivo hay dos cafeterías. Las dos son fantásticas. Productos magníficos. Buena decoración. Asientos cómodos. Precios asequibles...

Durante algún tiempo elegía una u otra al azar. No había ninguna razón específica. Simplemente, salía de casa e iba en una u otra dirección según me pareciese. Así son las decisiones cuando todo es más o menos igual.

Un día me di cuenta de algo interesante. Aunque el personal de los dos establecimientos era muy amable, sólo en uno de ellos me servían sin preguntar.

Después de algún tiempo apareciendo por allí, los camareros se habían familiarizado con mis costumbres y se adelantaban a mi petición. Me habían prestado atención, se habían interesado por mí y no tenían la necesidad de preguntarme que quería. Ya lo sabían.

No es una estrategia de marketing especialmente sofisticada. No hay un gran plan por detrás. Es algo sencillo, pequeño, pero con mucho valor.

Ahora, sólo voy a desayunar a la cafetería donde saben quién soy y conocen mis gustos. Estoy más cómodo.

Ésta no es una gran historia. Es una historia sencilla. Una historia de pequeñas diferencias que importan mucho.

Es probable que tú hayas tenido una experiencia similar. Es probable que todos aquéllos con los que desayuno todos los días hayan tenido la misma experiencia.

Hay Cosas Que No Cambian Nunca

La playa es uno de los sitios más populares cuando el calor aprieta. Si estás de vacaciones, es probable que seas uno de los muchos que cogen su sombrilla por la mañana con la esperanza de clavarla en algún sitio más o menos cercano a la orilla.

Alrededor de las 12:00 ya no hay sitio para nadie. Simplemente, está lleno. Toallas, sombrillas, sillas, palas,... Lleno.

Aquí empieza el negocio. Un montón de personas y mucho calor. Es un mercado atractivo. Una necesidad clara y muchos clientes potenciales. La competencia es dura.

Entonces... uno, dos, tres,... No sé, muchos vendedores vendiendo bebidas. "Hay CocaCola, Fanta, Cerveza, Agua,...". La entonación puede ser diferente, el orden de los productos también, pero más o menos todos suenan igual. "Hay... oiga".

Entre todos, alguien que NO recita sus productos de memoria. Alguien que canta. "CocaCola, la chispa de la vida...". Suena raro de narices. Da igual. Es simpático. Es distinto. A la gente le hace gracia. "CocaCola, la chispa de la vida...". Es el que más refrescos vende. A la gente le hace gracia y le compran sus bebidas. Le eligen entre todos.

Hay cosas que no cambian nunca. Cosas que funcionan casi siempre. Creo que fue Luis Bassat, no sé... quizá fue otro, el que dijo que "cuando no sepas cómo decir algo dilo cantando". Es así, da resultado. "CocaCola, la chispa de la vida..." y a vender refrescos.

La Poesía También Vende

Puede ser frustrante. Tienes que contactar con alguien. Llamas una vez, dos veces, tres veces... Más veces de las que puedes recordar. Los negocios funcionan así, a través de contactos. Cuando no contactas, no hay negocio.

La lógica es simple, pero no funciona siempre. No funciona porque tiene que haber interés. Cuando uno falla, cuando no coge la llamada, no hay contacto, no hay negocio.

Si alguna vez has estado en esta situación, conoces la sensación. Al final, sólo quieres tener la oportunidad de contar tu historia. Cuando no lo consigues, la sensación no es buena.

Una historia real

Imagina la situación. Una cadena de televisión que acaba de arrancar. Un cliente de gran consumo que lleva años invirtiendo en el medio. Todo tiene sentido, Hay posibilidad de conexión. Puede haber negocio.

José Antonio es el responsable de la cuenta. Llama a la directora de marketing del cliente. Llama una vez, dos veces, tres... Quiere hablar de su compañía, de lo que puede hacer por la cuenta, de las posibilidades de colaboración. Sigue llamando, pero no hay resultados. No hay interés.

El método tradicional está agotado. No hay mucho que hacer. Puedes abandonar o puedes hacer algo distinto. ¿Por qué no? No hay nada que perder.

Un papel, unas líneas y un fax al cliente. A las dos horas, suena el teléfono. Es la directora de marketing preguntando por José Antonio.

¿Dónde está la puerta?

Todos tenemos una puerta de entrada. A veces no es obvio. A veces no está donde suele estar. Bueno, hay que buscarla.

José Antonio consiguió con un fax lo que no había conseguido con cientos de llamadas. Consiguió una llamada de vuelta. Consiguió contactar.

¿Qué le decía en el fax? Le decía lo que le quería decir. Que quería conocerla. Que quería explorar posibilidades de colaboración. Que...

Más o menos conocido. Ahí no hay novedad. La novedad está en el "cómo". Se lo dijo con una poesía. Le escribió una poesía diciéndole qué quería y porqué. Consiguió su reunión. Ésa era la puerta de entrada.

La Poesía también es marketing

No sé, supongo que le hizo gracia. Que le pareció distinto. Un tipo escribiendo una poesía para intentar cerrar una reunión con un cliente. Seguro que no pasa todos los días. Es lo suficientemente atrevido como para escucharle.

La poesía funcionó. Fue una magnífica estrategia de ventas. A partir de ahí, la puerta abierta y momento para otras estrategias.

Seguramente, no es algo que puedas hacer todos los días. Todos escribiendo poesías para cerrar reuniones de venta. Raro. La idea no es ésa. La idea no es escribir poesías. La idea es cambiar. Salirse del camino.

La poesía fue una gran idea, pero hay otras muchas. Sólo tienes que encontrarlas y atreverte a ponerlas en marcha.

¡La Creatividad Funciona!

En un mundo donde la tecnología está al alcance todos, los productos cada vez son mejores, pero cuesta más diferenciarlos.

En un mundo donde el número de mensajes publicitarios que recibe una persona al día ronda una media de 2.000-3.000 (según distintos estudios), resulta más complicado llegar a nuestros consumidores.

En un mundo así, ser diferente es un valor añadido que se paga con oro. Sólo los que sobresalen del resto tienen más oportunidades de conseguir el éxito.

Ser diferente no es fácil, pero tampoco es imposible. Por lo general, para ser diferente tienes que actuar de una forma distinta. Si actúas como los demás harás lo mismo que hacen todos.

"Think out of the box" (piensa fuera de la caja- los límites) es una expresión anglosajona que representa muy bien lo que quiero decir. Si quieres ser diferente tienes que pensar fuera de los límites.

Este tipo de pensamiento alternativo se suele asociar con la Creatividad, y es ahí donde empiezan todos los problemas.

¿Qué pasa si no soy creativo? ¿No tendré ninguna posibilidad de éxito?

Hay buenas y malas noticias. Las malas noticias son que si no piensas de forma creativa, tus posibilidades de éxito se reducirán. ¿Desaparecerán? No, simplemente te costará más conseguir tus objetivos en un mundo con tanta competencia de productos similares.

Las buenas noticias son que todos podemos ser creativos. Sí, todos. Por supuesto que hay personas que tienen mayor sensibilidad. Personas que tienen tendencia a pensar con su lado derecho del cerebro (el creativo). Personas a las que les resulta natural pensar de forma diferente. Pero lo cierto es que la creatividad se puede entrenar.

Quizá no llegues a ser el Salvador Dalí de la situación, pero es probable que desarrolles el suficiente nivel de pensamiento creativo como para que tus productos o servicios destaquen frente a los de la competencia.

Realmente, lo interesante de ser diferente es que no se te puede comparar con otros y de un plumazo te has cargado a tu competencia. ¿No te parece suficiente premio como para intentarlo?

Hay muchas técnicas que te pueden ayudar en este sentido (visita cualquier librería y encontrarás material para aburrir). Particularmente, me gusta una muy sencilla que arroja unos resultados espectaculares: La Caja de las Ideas (Dr. Fritz Swicky).

Su mecanismo es muy sencillo, pero los resultados pueden ser espectaculares:

1.- Separación: separa aquello que quieras transformar (producto o servicio) en sus principales características (materiales, forma, color, posición,...).

2.- Variación: lista distintos valores para cada una de esas características. Por ejemplo, si estamos hablando de la forma, consideraremos distintas opciones: circular, cuadrada, rectangular,...

3.- Combinación: realiza distintas combinaciones con las distintas variaciones de las características que has reflejado. Combinación 1: Material A, Forma C, Posición B,...; Combinación 2: Material A, Forma D, Posición A,... Y, así, sucesivamente.

4.- Selección: elige la combinación o combinaciones que encajan con lo que estabas buscando.

Prueba este sistema y verás que rápidamente das con un montón de soluciones creativas a tus problemas.

Si vas incorporando este tipo de herramientas y, fundamentalmente, esta forma de pensar, las posibilidades que se te presentan son increíbles. Recuerda: productos diferentes, menos competencia y mayores posibilidades de ingresos. Esta secuencia falla muy pocas veces.

¿Lo ves? Ya eres creativo.

La Increíble Historia De Paddi Lund

¿Ganar más? Si le preguntas a cualquier emprendedor cuál es su mayor deseo, es probable que te diga que ganar más le haría feliz. Hacer crecer su negocio y desarrollarlo. Es lógico. Ése es el espíritu emprendedor.

Todos coinciden en eso. Cómo hacerlo es diferente. Cada uno tiene su filosofía de vida. Su manera de hacer las cosas. No tienen porqué coincidir.

Hay maneras y maneras de ganar más. Unas son más sorprendentes que otras, pero todas son buenas si cumplen el objetivo.

Una historia extraña

Mike Basch cuenta una historia sorprendente en su libro "Customer Culture" (La Cultura Del Cliente). Cuenta la historia de un dentista de Brisbane (Australia) que cambió su negocio y transformó su vida. El nombre del dentista es Paddi Lund y su historia es una historia interesante.

Paddi no era feliz. Tenía una práctica profesional que no le llenaba. Trabajaba 60 horas a la semana, soportaba una carga de estrés muy alta y generaba unos ingresos vulgares.

Las cosas no iban bien. No iban como había planeado. Se sentía frustrado y deprimido. Durante un tiempo pensó en el suicidio.

Ganar más con más felicidad

La pregunta era la siguiente: si el objetivo es ser feliz, ¿por qué desperdiciar un solo segundo de tu vida en algo que no te lleva en esa dirección?

Paddi se hizo la pregunta. Dos contestaciones: cambia de vida o cambia lo que no funciona.

Intentó entender dónde estaban los fallos. Qué había que corregir. Cómo podía arreglar todo aquello.

A lo largo de los años, su práctica profesional se había convertido en un sitio complicado. La convivencia era difícil y el único objetivo de todos era alcanzar el fin de semana de la forma más rápida posible. Ésa era la situación. Eso es lo que había que corregir.

Después de reunirse con su equipo, sacó alguna conclusión importante. Las cosas no eran lo que debían ser porque la gente lo pasaba mal en su consulta.

Lo pasaban mal los empleados. No estaban a gusto porque el ambiente no era el adecuado, las relaciones no eran las adecuadas, el...

También lo pasaban mal los clientes. Bueno, los clientes de un dentista siempre lo pasan mal. Tienen miedo. Es una situación incómoda. Quieren que pase cuanto antes.

Ganar más con más soluciones

A partir de ahí, definieron una "Jerarquía de los horrores". Todos los elementos que hacían que trabajadores y pacientes se sintiesen mal. Los elementos que les impedían ser felices.

Poco a poco los fueron corrigiendo. Involucró a sus empleados en los resultados, cambió el olor de la consulta, sirvieron café, hornearon "bollos dentales" (magdalenas),...

Quizá, la solución más curiosa de todas fue el botón del dolor. Un pequeño aparato que permitía avisar al equipo cuando el paciente sentía dolor. Sólo la posibilidad de utilizarlo reducía la ansiedad del paciente y le hacía sentirse mejor. Le hacía más feliz.

Ganar más con otro tipo de clientes

Ganar más con más felicidad estaba bien, pero había que llegar más lejos. Había que ir un poco más allá.

Paddi entendió que no podía dar a todos lo que todos querían. No podía y no quería. Había cosas que le interesaban y cosas que no le interesaban en absoluto.

Volvía de nuevo a la pregunta. ¿Por qué dedicar un solo minuto de tu tiempo a hacer cosas que no te hacen feliz? Aquí también entran las personas. Los pacientes. Hay pacientes que son tus pacientes. Hay otros que no lo son.

Poco a poco fue eliminando los pacientes que le interesaban menos. Los que no encajaban con su idea de vida y de negocio.

Poco a poco los fue traspasando a otros colegas. Colegas que podrían darles mejor servicio. Todos ganaban. Los colegas ganaban más negocio. Los pacientes solucionaban sus problemas y él construía la cartera de clientes que le interesaba.

Ganar más con una forma distinta de hacer las cosas

Todo eso está muy bien, pero hay que crecer. Para ganar más hay que crecer. Suena un poco extraño cuando estás diciendo a otros que no, pero se puede hacer. Sólo hay que saber cómo.

La idea es sencilla. Si te has quedado solamente con los clientes con los que quieres trabajar, tienes que buscar más de ésos. Más clientes con el mismo perfil. Si sabes dónde están, ve a por ellos.

Ésa es una forma, pero hay otra. Otra que puede ser más segura. ¿Por qué no les pides a tus clientes que te traigan a sus amigos? Sí, los amigos de tus amigos son tus amigos. Es así. O, por lo menos, son los que tienen más probabilidades de serlo.

Ése fue el argumento. Paddi lanzó un programa de referencias. Pidió a sus clientes que contasen su experiencia. Que le explicasen a todo el mundo cómo trabajaban. Que les ayudasen a construir una consulta "más de ellos".

El programa funcionó. Le ayudó a crecer y poco a poco fue evolucionando. Ahora es algo distinto. Ya no es un mero programa de referencias. Ahora es un programa "Por invitación".

Sí, "Por invitación. Si quieres que te trate el equipo de Paddi Lund, te tiene que invitar un paciente. La consulta de Lund ya no acepta pacientes sin invitación. Se han convertido en una especie de club privado.

Es una manera distinta de crecer. Una forma original de hacerlo. Paddi lo ha conseguido. Desde que cambió su negocio, ha multiplicado varias veces su facturación, trabaja menos horas y se siente mejor.

Paddi Lund ha cambiado su negocio y ha cambiado su vida. Ha aprendido a ganar más y ser más feliz. Eso es lo que quería y lo ha hecho.

Las Camisetas de Hard Rock

La idea es sencilla. Sales a comer en familia. Te apetece un poco de comida barbacoa. Piensas que "Hard Rock Cafe" es una gran alternativa. Lo intentas.

El tema no funciona. Demasiada gente. Demasiadas colas. Demasiado éxito. Bueno, lo has intentado.

Hay que buscar otras opciones. Siempre comida a la americana. Sigues andando un poco más, un poco más, un poco más... Al final entras en un "Tony Roma´s".

Aquí no hay colas. Hay buen ambiente y una cantidad de gente razonable. ¡Ah y sus famosas costillas! Comes por encima de lo recomendable y te sacas unas fotos con tus hijos.

La diferencia

"Tony Romas´s" y "Hard Rock Cafe" son negocios similares. Montañas de aros de cebolla similares, jalapeños de queso similares y hamburguesas supersize similares.

Lo único que no es similar es su popularidad y las largas colas de fanáticos esperando su turno. Sí, ahí la diferencia es grande.

"Hard Rock Cafe" está a reventar. Tiene muchos más clientes de los que puede gestionar. Si quieres hacerte con una mesa, es probable que tengas que esperar 20 o 25 minutos. Es parte de su encanto.

El primer mandamiento

Aunque los dos establecimientos tienen muchas cosas en común, son los elementos que no comparten los que hacen que uno sea un completo éxito y el otro sólo sea un éxito moderado.

El primer mandamiento de este tipo de negocios es "Location, Location, Location" (Ubicación, Ubicación, Ubicación).

¿Cómo son los emplazamientos de "Tony Roma´s"? Muy buenos. ¿Los de Hard Rock? Excelentes.

"Hard Rock" es el "Zara" de la restauración. Encuentras sus restaurantes en los mejores sitios de la ciudad: Plaza de Colón en Madrid, Times Square en Nueva York, detrás de la plaza de San Marcos en Venecia,...

La leyenda

Cuenta la leyenda que Eric Clapton entregó en 1979 una de sus míticas guitarras "Fender" para reservar una mesa en el primer "Hard Rock" de Londres (aún puedes verla colgada en sus paredes).

Un poco más tarde, Pete Twonshend (The Who) dio la suya con el mismo fin. En la guitarra de Twonshend se puede leer "la mía es tan buena como la suya". Es una buena historia.

A partir de aquel momento, el restaurante inició la tematización de sus establecimientos. Llenó todas sus paredes de objetos relacionados con la música y se convirtió en un referente para toda la generación del rock.

Si vas a cualquiera de sus locales, puedes disfrutar de la mejor colección de memorabilia del rock and roll. Una colección que han ido acumulando durante más de treinta años a través de donaciones, subastas,...

Las camisetas

Es muy probable que tengas una de sus famosas camisetas. Si has salido por el extranjero y has comido en un "Hard Rock", es difícil que te hayas resistido a la tentación de hacerte con una de sus camisetas con el nombre de la ciudad.

Sus camisetas se han convertido en una especie de icono. Una especie de confirmación de "yo he estado allí". Si no tienes camiseta... Bueno, no es lo mismo.

Sí, el merchandising juega un papel fundamental en su diferenciación. Es una característica más del producto: Santa Fe Spring Rolls, Rice Buns Burger, Potato skins,... y Camisetas.

Tony Roma´s es una buena alternativa. Es un buen negocio y seguramente es rentable. Pero la gran diferencia (a su pesar) con "Hard Rock Cafe" es que no tienes que esperar 20 o 25 minutos para que te den una mesa.

Locos Por El Bacon

El problema no es el dinero. La realidad es diferente. Es otra. Cuando no tienes recursos, caes en la tentación de echarle la culpa de todo. Es cómodo. No necesitas buscar más explicaciones. "No hay dinero, no podemos hacer gran cosa". Por lo general, funciona. Lo aceptas. Lo aceptan. Los resultados no llegan. Se termina.

Está bien…No tener dinero no es una ventaja. Todo es más fácil con dinero. Más tranquilidad. Más tiempo. Más oportunidades. Más…

Es más fácil, sí, pero el mundo no termina ahí. Se pueden hacer más cosas. Muchas más.

Un poco más de bacon, por favor

J&D´s Foods es una compañía pequeña. No tienen muchos recursos. Lo saben. Seguramente, no les hace felices, pero lo entienden.

El primer paso es entenderlo. Cuando lo haces, puedes empezar a pensar de la manera adecuada. J&D´s lo ha entendido desde el principio y ha actuado en consecuencia.

La compañía sólo produce productos relacionados con el bacon. Sal de bacon, mayonesa de bacon, palomitas de bacon, tropezones de bacon, salsa de bacon,... Lo que sea con bacon.

¿Es un capricho? Probablemente no. Es una combinación de pasión por el bacon y falta de recursos.

¿Si no hay recursos, salimos? Si no hay recursos se sale. Hay que salir. Quizá, de otra manera. Las circunstancias son distintas. Las estrategias también tienen que serlo. Si no hay recursos hay que ser menos generalista. Hay que ser más radical.

¿El primer paso? Reducir tu mercado hasta el nivel de tus recursos. Menos mercado. Más segmentado. Más especializado. Un nicho lo suficientemente pequeño como para adaptarse a tus recursos. Un nicho lo suficientemente grande como para generar ingresos.

Tu marketing también es de bacon

Ésa es la idea. Todo es de bacon. El mercado y el marketing. No puedes ser ortodoxo. Tu presupuesto no lo es.

Ortodoxia y poco presupuesto es una combinación letal. Es la mejor manera de quemar dinero. Un poco de ortodoxia y unos pocos euros. Un poco más de ortodoxia y unos euros más. Al final, cero. Nada.

J&D´s Foods ha elegido otro camino. Otra manera de hacer las cosas. No tienen dinero. No son ortodoxos.

La cabeza de Kevin Bacon es una de sus acciones más famosas. Sí, una escultura de la cabeza del actor. Una escultura de bacon. Una escultura de bacon de Kevin Bacon. Es tan estúpido que funciona. Es increíble.

Luego la vendes en Ebay. Recaudas un montón de dólares en un tiempo récord. Entregas el dinero a una ONG contra el cáncer y te ganas todas las portadas de los medios. CNN, USA Today, Wired, The Huffintong Post,...

El dinero no es el problema

El problema es no saber que se pueden hacer cosas sin él. Que sí, que es más difícil, que... Claro que sí, pero cuando no hay, hay que adaptarse. No hay que dejar de hacer cosas. Hay que hacer cosas diferentes.

Mejor con dinero. Puede ser. Pero hay mucha vida más allá del dinero. Hay mucha vida en las ideas. En las buenas ideas. Estas funcionan de una manera distinta. No funcionan con dinero. Funcionan con imaginación.

CAPÍTULO 3
ESTRATEGIA

*"Puede que no te interese la estrategia,
pero la estrategia se interesa por ti."*

-Leon Trotsky-

Nunca Traiciones Tu Promesa

Estás viendo la televisión. El nombre del programa es 59". La presentadora da paso a los periodistas. Tienen 59 segundos para formular sus preguntas. El invitado también tiene que contestarlas en el mismo tiempo.

El juego empieza. Preguntas y respuestas. Un micrófono que sube y baja avisa, con colores de semáforo, del tiempo que queda. Verde bien. Rojo mal.

La secuencia de preguntas y respuestas se mantiene. Todo va sobre el guion excepto una cosa. Nadie respeta los 59 segundos.

El sentido de las cosas

¿Cuál es el sentido de llamar a algo de una determinada manera? ¿Por qué de una forma y no de otra? Es un adelanto. Cuando pones un nombre a algo, das información. Adelantas a los demás qué pueden esperar.

Un nombre es algo parecido a una expectativa. Te llamas de determinada manera y puedo esperar algo. Mejor o peor conectado. Más o menos directo... Da un poco igual. La lógica es esa.

Ahora tienes un compromiso

Lo has hecho. Has asumido un compromiso y tienes que cubrir la expectativa. Cuando no lo haces, fallas. Importa poco el motivo. ¡Qué más da! Eso es todo.

Después, sólo frustración. Es el efecto natural. Si esperas algo que no llega, sufres una decepción. Tiene que ser así.

Le dices al mundo que son 59". Ni uno más. Ésa es la gracia. Ése es el beneficio del programa. Más rápido, más dinámico, más enganche con la gente en casa.

¿No lo respetas? Has eliminado tu diferencia. Me has engañado. Se acabó el encanto.

Respeta tus promesas

La relación con tu mercado es una relación de confianza. Cuando no respetas tus promesas, traicionas su confianza. Ya no hay más.

Haz lo que quieras. Confúndete. Tropieza... Lo que quieras. Es probable que puedas arreglarlo. Es probable que tu mercado termine aceptándolo. Haz cualquier cosa menos engañarles.

Si traicionas tu promesa, se cansarán de ti. Y, al final, terminarán cambiando de cadena.

Compromiso

Chris Guillebeau es un escritor viajero o un viajero escritor. Da lo mismo. Se dedica a viajar por todo el mundo y escribir sobre los temas que le interesan.

Su blog es uno de los más visitados. Habla de muchas cosas, pero, fundamentalmente, le dice a sus lectores que no tienen porqué vivir la vida de otros. Que pueden vivir la vida que desean vivir. Una vida llena de sentido. Su sentido.

Ha escrito un par de libros: "The art of non-conformity" (El arte del inconformismo y "The 100$ Start-Up" (El Start-Up de 100$). Sus ideas son consistentes. Adelante con tus proyectos.

Vive una vida plena. No necesitas mucho para empezar. Cien dólares pueden ser suficientes para poner en marcha tus sueños.

El Evento

Hace algunas fechas, celebró su evento anual "World Domination Summit". Las entradas se vendieron en unas pocas horas y más de mil personas de todo el mundo se congregaron en Portland.

Seguramente, un gran evento. Un montón de gente interesante hablando de cosas interesantes. Mucho movimiento al estilo americano. Mucha interacción con el público. Mucho de casi todo.

El Compromiso

Después de dos ediciones, el evento se ha hecho un nombre. Se ha convertido en una de las referencias anuales en el circuito americano. Eso está bien pero no es lo más reseñable.

Lo interesante de todo esto es ver cómo Chris Guillebeau defiende sus ideas y asume su compromiso.

Entregaron a cada uno de los mil asistentes al evento un sobre con 100 dólares. Cien dólares para arrancar sus sueños. Cien dólares para empezar.

El gesto es increíble. Sorprende. Consigue varios efectos. Fija en la mente de todos los asistentes un recuerdo imborrable. El evento de los 100 dólares. Algo que no podrán olvidar fácilmente. Un gran anclaje.

Pero, sobre todo, es la demostración de un compromiso. El compromiso con sus ideas. ¿Start-Up de 100$? ¿Sí? Aquí los tienes. Para que seas inconformista. Para que intentes poner en marcha tus sueños.

Hay muchos tipos de gestos. Gestos buenos y gestos que no lo son. Luego hay otro tipo de gestos. Los que marcan. Los que significan cosas. Por lo general, los gestos que marcan van unidos a compromisos. El de Chris Guillebeau es uno de ellos.

Cabeza de Ratón

Es una tendencia natural. Es atractivo. Cuando hablas con un cliente, quieres ser grande. Cuanto más grande mejor. El tamaño te da tranquilidad. Valoramos todo en función de su dimensión. Grande bien. Pequeño menos bien.

Ésa es nuestra tendencia. Nuestro pensamiento. No es el del cliente. No tiene porqué coincidir con el de él.

En otros tiempos, cuando tocaba presentar la compañía, éste era un tema caliente. ¿Mostramos la posición del cliente? ¿Decimos cuánto pesa sobre nuestra facturación? ¿Le contamos lo grande que somos?

Siempre teníamos la tentación. Luego, lo pensábamos dos veces.

Cola de León

El tamaño importa. Es un gran punto de referencia, pero tiene distintas interpretaciones.

¿Eres grande? Está bien. Tiene implicaciones positivas. Tienes peso en el mercado. Tienes capacidad de negociación. Tienes el conocimiento de todos tus consumidores. Tienes... tienes un montón de cosas que puedes utilizar para servir mejor a tus clientes.

Es un buen punto, pero es tu punto. No es el punto de tu cliente.

Tienes una facturación, tu cliente pesa X. Tu facturación es mayor, tu cliente pesa menos. Tu facturación es mucho mayor. Tu cliente pesa mucho menos. Así hasta donde quieras llegar.

¿Tu cliente? Tu cliente tiene una sensación extraña. Cuanto mayor es tu tamaño, menos importancia tiene para ti. Es "Cola de León". Así piensa tu cliente.

Es una sensación complicada. No es positiva. A nadie le gusta ser poco importante. A nadie le gusta tener poco peso. A nadie le gusta sentirse prescindible.

Cabeza de ratón

La paradoja del tamaño. En determinadas circunstancias, ser pequeño importa.

Es así. Hay una relación inversa entre tu tamaño y la importancia de tu cliente. Al final, todos queremos sentirnos importantes. Todos queremos significar algo para alguien. Tu cliente también.

Cuanto más pequeño eres, más importante es él. Más control tiene. Más querido se siente y mejor tratado está. Ésa es su manera de ver las cosas. A lo mejor, no es la manera correcta, pero es la suya.

Ser grande es la tendencia natural, pero no siempre funciona. La última palabra la tiene tu cliente. Puede decidir ser "Cola de León" o "Cabeza de Ratón". Siempre eligen la cabeza.

Necesitas Un Pelador De Patatas

Joe es un famoso vendedor ambulante de Nueva York que se gana la vida con su producto estrella, un pelador de patatas.

Si quieres ver cómo lo hace, sólo tienes que googlear "Kevin Rogers Joe Ades" y leer el magnífico artículo que este bloguero le dedicó a este fenómeno.

En él, el autor repasa las imágenes de un vídeo y va desgranando uno a uno todos los elementos que utiliza Joe para vender su producto. Los mismos elementos que deberían estar presentes (con la adaptación adecuada) en todas las ventas.

Un negocio curioso

La puesta en escena que hace Joe es perfecta y la forma en la que utiliza las claves de la argumentación es magistral. Échale un vistazo y lo podrás comprobar.

En cualquier caso, la historia de Joe es increíble no sólo por la fórmula que utiliza para vender sus productos (es genial), también, por lo que ha sido capaz de conseguir.

Joe ha vendido más de un millón de dólares en menos de 15 años de venta ambulante.

Un negocio curioso basado en un único producto.

Sólo necesitas un pelador de patatas

Sí, ése es su producto estrella: un pelador de patatas. En realidad, es su producto estrella y su único producto.

Joe ha conseguido vender más de un millón de dólares con un solo producto que cuesta cinco dólares.

Es sorprendente. Muchos necesitan un montón de cosas para poder lanzar sus proyectos. Joe sólo se tiene a él mismo, un pelador de patatas y las calles de Nueva York.

Un mensaje interesante

La historia de Joe me gusta porque es una historia que lanza un mensaje sencillo, pero muy potente.

Para empezar algo, para arrancar algo, no necesitas un montón de productos increíbles, un punto de venta perfectamente equipado o cualquier otro tipo de recurso más o menos sofisticado. Si los tienes, es fantástico. ¡Aprovéchalos! Pero no es imprescindible.

Para arrancar tu negocio, todo lo que necesitas es un producto en el que creas, un buen argumento de venta y ponerte en funcionamiento.

Cuando lo haces empiezan a pasar cosas. Joe lo ha hecho y ha vendido un millón de dólares en menos de quince años.

¿Qué Significa "USP"?

USP es una expresión conocida: "Unique Selling Proposition". Que viene a ser algo así como "Proposición de Venta Única".

Si tienes un negocio debes tener una. Si no la tienes, es probable que no tengas negocio. Bueno, quizá sí, pero es difícil que sea un gran negocio. Las grandes compañías tienen grandes USPs. Las otras no.

Todos necesitamos una. Es la mejor manera de competir. Cuando tienes una USP tienes una diferencia. A partir de ahí concentras esfuerzos y vendes tu diferencia. Así se compite, siendo diferente.

"m&m´s, el chocolate que se derrite en tu boca, no en tu mano"

"FedEx, cuando tu envío tiene que llegar sí o sí al día siguiente"

"Domino´s Pizza: se la entregamos en 30 minutos o le devolvemos su dinero"

....

Las grandes proposiciones de venta son únicas

Éste es un punto importante. Si tu proposición de venta es única, tu proposición de venta es fuerte.

Ahora, sólo tienes que encontrar tu USP. Tu USP única. ¿Cómo se hace? Puede parecer complicado. Al fin y al cabo, tienes que buscar algo único.

Es ahí donde muchos se quedan. No es fácil dar con algo único. Tiene sentido. Es único.

El problema es el enfoque. Si buscas algo único, algo que no tenga nadie, que no haga nadie, las probabilidades de éxito son menores. ¿Puedes dar con algo interesante? Seguro, pero no es fácil. El campo es más limitado.

Puedes enfocarlo de una forma diferente. No busques algo único. Busca algo que no se haya comunicado. Es diferente.

Hay compañías que tienen su diferencia. Puede ser una gran diferencia, pero no la han trabajado bien. No la han comunicado correctamente. No la han convertido en el centro de su marketing. No la han explotado.

¿Tu USP es parecida a la de otros? No te preocupes demasiado. Hay muchas USPs que pueden ser parecidas, pero sólo hay una que es única: la que se comunica.

Si has encontrado tu diferencia y no hay nadie que se la haya apropiado, tienes una gran oportunidad. Pon todos tus recursos en convertirla en el centro de tu universo. En comunicarle a todos que ésa es tu diferencia. Hazla tuya.

A partir de ese momento, cuando ya es tuya, no puede ser de nadie más.

¿Por Qué Hay Que Decir Que No?

Porque sí. Es una de las razones. Hay que aprender a hacerlo. A veces hay que decir que no. Lo dices. Se acabó.

Hoy he dicho que no a una posibilidad de colaboración. Tocaba hacerlo. ¿Por qué? Bueno... no encajaba en mi estrategia de negocio. Caía fuera de lo que he definido como mis objetivos.

¿No es frívolo? ¿No suena un poco raro utilizar palabras como estrategia y objetivos para justificar esta decisión? Quizá, no lo sé. Al final, la decisión es sencilla. No está en tu plan. No te interesa. No te gusta. No necesitas mucha más reflexión. Debería ser suficiente.

La dispersión es un obstáculo

Has trabajado un plan. Has dibujado sobre el papel tu itinerario. Ahora te toca seguirlo. Seguro que se producirán cambios. Seguro que tendrás que modificarlo. Seguro que sí.

Los cambios son cambios. Es trabajo. Las desviaciones voluntarias son otra cosa.

Cuando dices que sí a todo, estás abriendo demasiadas puertas. Te dispersas. Dispersión y foco no suelen ir de la mano.

Significan cosas distintas. El foco concentra recursos. La dispersión los reparte.

No es fácil hacer lo que tienes que hacer cuando los recursos están en otro sitio. Eso es lo que pasa cuando dices que sí a temas que no están en tu estrategia. Eso es lo que ocurre cuando te dispersas.

Siempre más

Ése es uno de los objetivos. Superar expectativas. Sorprender a tus clientes. Entregar por encima de lo prometido. Ésa es la fórmula más sencilla para que las cosas salgan bien. La mejor forma de ganarte a tus clientes.

No es fácil. No es fácil cuando tocas demasiados palos. Cuando estás encima de demasiadas cosas diferentes. No es fácil cuando te saltas el plan. Tu conexión no es la misma. Tus resultados no pueden ser iguales.

Entregas más cuando te sientes identificado. Cuando haces lo que tienes que hacer. Lo que has planeado hacer. Entregas mucho más cuando estás dentro de tu estrategia. Al fin y al cabo, haces lo que sabes hacer. Lo que te gusta. Así es más fácil.

Eres más feliz

Es la idea. Ser feliz. Cuando haces lo que te gusta, eres feliz. Al menos, mucho más que cuando no lo haces.

Es un estado de ánimo que se retroalimenta. Eres feliz. Trabajas mejor. Consigues mejores resultados. Te sientes bien. Eres más feliz. Trabajas mucho mejor. Consigues... Así sucesivamente. Es un círculo que no se termina nunca. Es un círculo que no debes romper.

¿Por qué hay que hay que decir que no? Porque, cuando dices que sí a todo, haces cosas que no te gustan. Que no te llenan. Cuando dices que sí a todo, pierdes tu estrategia.

Hay que aprender a decir que no para aprender a ser mejor.

Cómo Conseguir Clientes Gratis

¿Conseguir Clientes Gratis? Suena bien. ¿Por qué dedicar tiempo, dinero y esfuerzo a conseguir nuevos clientes cuando otros lo pueden hacer por ti?

Una alianza es un acuerdo por el que dos compañías colaboran ofreciendo sus activos y generando una oportunidad de negocio para ambas que de otra forma no existiría.

Este tipo de situaciones son siempre ganar-ganar para las dos partes. Si la naturaleza de los dos productos o servicios son similares y la relevancia del servicio o producto ofertado conjuntamente es suficiente, tendrás todos los ingredientes para sacar adelante una gran colaboración.

Las alianzas son la fórmula más rápida para hacer crecer tu negocio. Las puedes organizar a nivel local, internacional, de forma presencial, por teléfono, e-mail, etc.

Son todo ventajas, pero, si quieres que funcionen, no esperes que la otra parte, de entrada, realice ningún esfuerzo.

Deberás tener toda la operación pensada de antemano y perfectamente cuantificados los beneficios que aportan a las dos partes.

Aquí rige el principio KISS (Keep It Simple Stupid: hazlo sencillo, tonto) que es una expresión magnífica que viene a decirte que lo hagas tan fácil como puedas para que la otra parte sólo vea los beneficios sin necesidad de esfuerzo alguno.

"Suma los Activos de las dos compañías y genera una oportunidad de negocio para las dos partes".

A continuación, tienes una serie de pasos que te ayudarán a darle forma a tus alianzas. Si los sigues, aumentarás de forma dramática tus posibilidades de éxito.

Clientes Gratis 1: Dedica a una persona

Sí, dedica a una persona o parte de tu tiempo a cerrar alianzas. En definitiva, esto dependerá de tus recursos, pero es importante que entiendas que no estamos hablando de un tema menor.

Dedicar tiempo a cerrar alianzas es la mejor inversión que puedes realizar. Piensa por un momento en el tiempo, personas y esfuerzo que te supondría tener que desarrollar por ti mismo todo lo que tus partners (socios) te pueden aportar.

Una persona solvente, dedicada a cerrar alianzas puede aportarte unos resultados que, con creces, compensarán el esfuerzo dedicado a esta labor.

En la locura puntocom (hasta el 2000) que tuve la oportunidad de vivir, todos los portales grandes o pequeños tenían una persona o equipo dedicado a cerrar alianzas de todo tipo. Las alianzas eran un elemento crítico en la estrategia de desarrollo de aquellas compañías.

Clientes Gratis 2: Ten claro lo que necesitas

En este caso, parece bastante obvio que tu necesidad es intentar alcanzar cuanta más gente mejor con el menor coste posible.

Aquí, una estrategia de alianzas funciona magníficamente porque no sólo te permite contactar a un gran número de personas sino que lo hace con la posibilidad directa de venta (va un paso por delante de la publicidad convencional que se limita a comunicar). ¡Ah! Recuerda que es a coste variable.

Esto quiere decir que sólo pagas en función de resultados (no hay costes fijos, o no debería haber, independientemente de los resultados).

En este punto, debes reflexionar sobre lo que significa alcanzar a muchas personas. Es obvio que el marketing es un juego de números:

"Cuantas más personas contactas y conocen tu producto o servicio, mayores son las posibilidades de que lo consuman".

Hasta aquí todo bien, pero merece la pena incorporar un variable más en esta reflexión que te permitiría reformular la frase anterior de la siguiente manera:

"Cuantas más personas afines (que tienen la necesidad que tu producto cubre) contactas y conocen tu producto, mucho mayores son las posibilidades de que lo consuman".

Efectivamente, el marketing es un juego de números, pero de números buenos. ¿Qué quiere decir esto?

Esto quiere decir que no te vale con llegar a mucha gente. Tienes que llegar a los que realmente te interesan.

No te obsesiones con potenciales alianzas con grandes partners que no tienen un mercado o público objetivo afín al tuyo. Es muy probable que te desgastes mucho en la negociación (por la supuesta diferencia de dimensión que puede haber entre tú y él) y que los resultados sean muy pobres.

Permíteme que te ponga un ejemplo de una experiencia personal: un kit de conexión analógico a Internet tenía una conversión (usuarios conectados divididos entre kits entregados) de hasta cincuenta veces más dependiendo del canal (alianza) utilizado para hacer llegar el CD de conexión al usuario final.

"La Venta es un juego de números buenos. Contacta a aquéllos que realmente te interesan".

Clientes Gratis 3: Identifica al posible partner (socio)

Las posibilidades son innumerables y, generalmente, te puedes llegar a perder si no eres capaz de fijar prioridades.

Empieza por aquéllos con los que tu producto o servicio tiene muchos puntos en común:

Empresas del sector: busca aquellas empresas de tu sector que comercialicen productos o servicios complementarios y analiza cómo pueden encajar con los tuyos (¿Se construye más valor cuando se suman Activos?)

Competencia: analiza qué productos o servicios no ofrece tu competencia. Si no hay conflicto, ofrece la posibilidad de colaborar con ellos.

Empresas de otros sectores: ¿qué productos o servicios (fuera de tu sector) consume tu mercado? Identifícalos y elige a los que ofrezcan una posibilidad de asociación más coherente con tu producto.

Medios de comunicación: si la naturaleza de tu producto te lo permite, estudia qué medios de comunicación consumen tus clientes o potenciales clientes y plantéales una promoción conjunta donde distribuyan tu producto o servicio con condiciones especiales para sus clientes.

Cuando ya has revisado los partners que tienen más sentido y a los que debes dedicarle mayor nivel de esfuerzo (recuerda siempre el 80/20 de Pareto), merece la pena que pienses en otros que, aunque no sean los socios ideales, también te pueden ayudar a comunicar tu mensaje o distribuir tu producto.

Como puedes ver, las posibilidades son innumerables, pero es importante que sigas este proceso ordenado que te propongo para jerarquizar prioridades y poner foco donde realmente merece la pena realizar el esfuerzo.

Siguiendo con el ejemplo que te he apuntado anteriormente, te puedo decir que el kit de conexión a Internet lo distribuimos, a través de alianzas, desde preinstalado en ordenadores (éstas eran, de hecho, las mejores alianzas) hasta insertado en la revista de los socios de un club de fútbol de primera división que, como puedes imaginar, no tenía un público objetivo lo suficientemente afín a nuestro servicio de conexión y, por lo tanto, los resultados fueron menos atractivos.

"Concentra tu esfuerzo en cerrar los acuerdos más evidentes"

Clientes Gratis 4: Analiza las necesidades de tu posible partner

Aquí no me voy a extender. Creo que el apartado anterior introduce perfectamente este punto. En cualquier caso y para terminar de ilustrarlo, déjame que retome, de nuevo, el ejemplo del kit de conexión.

En el caso de los ordenadores que llevaban el kit preinstalado, el beneficio para sus compañías consistía en ofrecer a los compradores una serie de servicios que aumentaba el valor del producto.

Aquí, es interesante que te haga una puntualización que explica el detalle de estas operaciones:

Acuerdos Locales: cuando el acuerdo se hacía a nivel local y con ordenadores, en su mayoría clónicos, los acuerdos eran entre iguales. La compañía de ordenadores mejoraba su propuesta a sus compradores ofreciendo más cosas por el mismo precio a la vez que hacía algo de caja con las comisiones que liquidaba con nosotros.

Acuerdos Internacionales: cuando el acuerdo era internacional, es decir, cuando el acuerdo se cerraba entre una gran marca internacional y nosotros, el resultado era muy diferente. Por lo general, en ese tipo de acuerdos se cerraban cantidades fijas up-front (por delante, es decir, se pagaban independientemente del nivel de resultados del acuerdo) y, además, se le tenía que sumar el variable.

¿Por qué se producía esta diferencia? Muy sencillo, mientras que los acuerdos locales tenían un espíritu de alianza entre iguales (más o menos), los internacionales (con marcas más consagradas) eran acuerdos de distribución pura y dura con parte variable.

Clientes Gratis 5: Entiende la relevancia que tiene el acuerdo para tu partner

Si pretendes cerrar este tipo de acuerdos, debes asegurarte de que es relevante para las dos partes.

Cuando hablo de relevancia no me refiero a que ambas partes consideren el resultado económico suficientemente atractivo. Ése es sólo un enfoque de la relevancia. Me refiero a que el conjunto de la operación tenga suficiente sentido para las dos partes.

Por ejemplo, si intentas cerrar un acuerdo con una gran empresa, es obvio que la diferencia entre las dimensiones de las dos compañías podría ser un obstáculo. Incluso el nivel de ingresos que podría generar este tipo de alianzas no es significativo para una compañía de gran tamaño.

Pero, sin embargo, el hecho de poder ofrecer un producto o servicio novedoso y diferenciador a sus usuarios le da la relevancia que de otra forma no tendría el acuerdo.

"Asegúrate de que lo ofreces a la otra parte es lo suficientemente relevante para ella como para que le resulte atractivo"

Clientes Gratis 6: Define qué activos intercambiar

Este punto hace referencia a cómo se estructura el acuerdo y qué pondrá encima de la mesa cada una de las partes.

En tu caso, estaría más o menos claro que tú entregas tu producto o servicio para que se incorpore al producto o servicio de la otra parte, mejorando sus características y aumentando su valor.

Pero no siempre tiene que ser así. Imagina que ya tienes una serie de clientes o una base de clientes potenciales con los que tienes algún tipo de contacto.

En este caso, se podría organizar una alianza donde las dos partes utilizan sus propias bases de datos para realizar una promoción cruzada de los productos o servicios de la otra parte. Esta es una forma original de duplicar clientes potenciales.

Clientes Gratis 7: Establece la fórmula de compensación

Por lo general, un buen punto de partida es compartir el 50% del margen de beneficio del producto o servicio. A partir de ahí, las combinaciones son múltiples.

En cualquier caso, este punto es objeto de negociación y se vencerá del lado de la compañía más fuerte y más imprescindible para la materialización de la alianza.

Si eres la parte débil del acuerdo, es muy probable que seas tú el que tengas que ceder más. De todas formas, este aspecto no lo tendrás totalmente cerrado hasta que no sepas realmente con quién vas a concretar la alianza.

En ese momento, tendrás que empezar a pensar la cantidad de comisión que la parte fuerte se llevará por hacer llegar tu producto al cliente final.

Clientes Gratis 8: Pon en funcionamiento la alianza

Una vez que hayáis pactado los términos del acuerdo, ya te puedes poner en funcionamiento.

Es absolutamente recomendable que recojas todos los puntos del acuerdo en un documento y que este documento obre en poder de las dos partes.

No es necesario que sea un contrato, aunque dependiendo del nivel de la alianza y de los elementos que involucre – gran dimensión, costes asociados, etc.- es posible que tengas que firmar un documento formal (siempre es recomendable).

En muchos casos, las alianzas con pequeñas compañías suelen estar soportadas por un e-mail con el detalle de lo acordado o un Memo de entendimiento (MOU: memo of understanding) que firman ambas partes.

Si te quedan dudas sobre cómo documentar este tipo de acuerdos, coméntalo con tu abogado.

Por mi experiencia, te diré que los grandes acuerdos, aquéllos que he cerrado con compañías importantes han ido soportados por un contrato que, generalmente, te daban las propias compañías y era una especie de contrato tipo.

Las alianzas con compañías pequeñas se solían validar con un e-mail a la persona adecuada y su confirmación de los términos.

Todo dependerá del perjuicio que se pueda producir si en un momento dado se rompiese el acuerdo. Valora este punto.

"Documenta todo por escrito y evita sorpresas posteriores"

Ejemplo Famoso

Como te he dicho antes, las alianzas son el medio más rápido y flexible para poder desarrollar tu negocio en tiempo récord.

Buena muestra de lo que se puede conseguir con una alianza lo puedes comprobar repasando el caso "Microsoft".

Microsoft era una pequeña compañía americana que se dedicaba a desarrollos de programación menores en lenguaje Basic.

Corrían los tiempos en los que IBM estaba enfrascada en el inicio del desarrollo de los ordenadores personales. En ese momento, Bill Gates vio la oportunidad de hablar con IBM e intentar llegar a algún tipo de acuerdo con un sistema operativo que se llamaba DOS.

Bill Gates se sentó con IBM para venderles las bondades de un sistema operativo que facilitase la relación entre la máquina (ordenador) y el resto de programas.

Cuando Gates hizo su planteamiento, no tenía nada. Nada de nada. Es decir, no había sistema operativo (de hecho, se lo compraron, posteriormente, a un tercero por 50.000$; un tercero que pensó que había hecho el negocio del siglo y no se dio cuenta de que había cedido a otros el primer producto de un imperio de dimensiones descomunales).

Incluso con esta situación de absoluta desventaja, Bill Gates planteó y cerró una de las alianzas más famosas de la historia de los negocios: Microsoft convenció a IBM para que incorporase su sistema DOS en todos sus ordenadores.

Imagínate que "pedazo de alianza". De un día a otro, pasas de ser un completo desconocido a estar presente en los ordenadores de medio mundo.

Por si fuera poco, Bill Gates no cedió la exclusiva sobre el software a IBM (estos últimos entendían que el negocio estaba en los ordenadores y no le dieron demasiada importancia al software) y se quedó con la posibilidad de vendérselo a otros clientes.

Es decir, incorporan tu software a sus ordenadores (un software desconocido cuando todavía no eres nadie) y, además, no se quedan con la exclusiva sobre el producto. ¡Increíble!

La situación es surrealista, una pequeña compañía tratando de cerrar un acuerdo con una de las grandes compañías del planeta. A partir de ahí, es historia.

El acuerdo con IBM catapultó a Microsoft en todo el mundo. No sólo no le costó dinero sino que le permitió generar mucho. Le convirtió en el sistema operativo de referencia y, al no tener trabas en su contrato, pudo vendérselo a todos aquéllos que estuvieron interesados.

Supongo que eran otros tiempos y que las probabilidades de poder encontrar a otros directivos de mega-multinacional tan inocentes como éstos es bastante complicado.

Pero lo que resulta absolutamente innegable es que Microsoft no existía a los ojos del mundo y esta alianza con IBM le puso en el mapa en un abrir y cerrar de ojos.

Tu trabajo consistirá en encontrar lo que yo llamo "Ibeemes", es decir, socios lo suficientemente grandes como para que su impacto sobre tu negocio sea relevante y lo suficientemente flexibles como para que te permitan la aproximación y el cierre de un acuerdo.

"Los Ibeemes son el mejor activo que puedes desarrollar para catapultar tu negocio al máximo nivel"

Comentario Final

Las alianzas son la mejor forma de dar a conocer tu producto y alcanzar tu mercado de la forma más rápida posible.

Las alianzas se basan en un principio muy básico: los ingleses le llaman "Leverage" (apalancamiento) y tiene mucho que ver con la famosa frase de Arquímedes que decía algo así como "Dadme una palanca (o punto de apoyo) y moveré el mundo".

Este concepto es intuitivo, visual y potente. La palanca (tu alianza) sirve para amplificar tu fuerza (tus esfuerzos) y multiplicar por "n" tus resultados.

Es decir, si quieres conseguir el mejor resultado posible para tus esfuerzos, encuentra las mejores palancas a tu alcance y no te desgastes intentando desarrollar todo tú sólo. Simplemente, no merece la pena el esfuerzo de hacerlo en solitario.

¿Cómo conseguir Clientes Gratis? Seguro que hay distintas maneras, pero ninguna tan buena como una buena alianza.

Spaghetti Selling

¿Qué es un gran sistema de ventas? Supongo que hay muchas definiciones. Quizá, hay una imbatible. Un gran sistema de ventas es el que vende por encima de las expectativas.

Joe Girard tiene un gran sistema de ventas. Vende coches. Vende más que nadie. Año tras año ha batido su propio récord de ventas. Aparece en el "Guinness Book of World Records" como el mejor vendedor de coches del mundo.

¿Qué hace Joe Girard? Vender. Vender mucho. Vender de una manera directa. Sin demasiada sofisticación.

Girard tiene una máxima. "Si tiras suficientes espaguetis contra la pared, alguno se quedará pegado". Es el corazón de su sistema de ventas. El "Spaghetti Selling". Sencillo. Directo. Funciona.

Sistema de ventas: Si no estás, no existes

El primer punto del "Spaghetti Selling" es estar. Si no estás, no existes. Todo empieza ahí. A partir de ahí, lo demás.

Se puede estar de muchas maneras. ¿La más sencilla? Las tarjetas. No desaproveches la oportunidad de dejar tu tarjeta. ¿A todo el mundo? Puedes hacerlo, pero no servirá de mucho.

Deja tus tarjetas dónde tenga sentido. Deja tus tarjetas a todos los que puedan tener interés.

Ésa es la diferencia entre un spammer y un vendedor. Los spammers disparan con ametralladora en todas las direcciones. Los buenos vendedores apuntan con fusil y disparan muy rápido.

Sistema de ventas: Si no te recuerdan, no existes

Así son las cosas. Estar está bien. Que te recuerden es mucho mejor.

Nuestra capacidad es limitada. Tenemos una memoria justa. Cuando llega a su límite, empieza a desbordarse. Estabas. De repente, ya no estás. Así funciona.

Hay soluciones. Siempre las hay. Estar más veces. Aprovechar la oportunidad para contactar con tu lista. Con los que en algún momento mostraron algún interés. Año nuevo, cumpleaños,... No sé, establece un calendario de fechas y contacta con ellos. Salúdales, preocúpate por sus vidas, ofréceles algo de valor... ¿Una oferta? Si tiene sentido, sí. Si no, no.

Joe Girard envía sus tarjetas regularmente. Habla con toda su base de contactos. Se muestra. Se ofrece. Les recuerda que está.

Sistema de ventas: Si no te ayudan no existes

Hay un punto más en el sistema. El tercer punto. Tiene que ver con tus clientes. Con tus contactos. Tiene que ver con el hecho de pedirles ayuda.

Las cosas se pueden hacer de muchas maneras. Unas dan más resultado que otras. Unas son más rápidas que otras.

Hacerlas sólo no es fácil. No es recomendable. Si quieres correr más, tienes que apoyarte más. Tienes que pedir más colaboración.

Una invitación a hacer algo puede ser suficiente. Girard utiliza esta fórmula. Una vez al año, envía un comunicado a su lista con un montón de tarjetas y un premio. Un premio por cada cliente que consigan.

Les invita a repartirlas entre sus amigos. A conseguir clientes. ¿Por qué no? ¿Por qué no pedir a sus amigos que le ayuden?

El "Spaghetti Selling" no es un sistema muy sofisticado. Consiste en lanzar espaguetis contra la pared hasta que uno se quede pegado. Mejor, hasta que muchos se queden pegados. Joe Girard lo hace y le funciona. Ése es su sistema de ventas.

Un Poquito Más Es Un Gran Negocio

Todos quieren vender más. Es la base de cualquier negocio. Si vendes bicicletas, quieres vender más bicicletas. Si vendes balones, quieres vender más balones, si vendes... Ésa es la vía rápida. Tienes un producto y vendes más unidades.

Si piensas así, es correcto, pero te estás dejando algo por el camino. DINERO.

Una sola pregunta puede cambiar el escenario. "¿Tamaño Super?" La solución es la misma, pero los ingresos no. Sencillo.

Tu cliente tiene una necesidad. En muchas ocasiones, no la habrá analizado demasiado. Le apetece comer una hamburguesa y va a un McDonalds. Si le ofreces una solución estándar, ¿qué comprará? Una solución estándar.

No pienses solo en tu producto. Piensa en todas las posibilidades de tu producto. ¿Cómo lo puedes mejorar? ¿Cómo lo puedes aumentar? ¿Cómo lo puedes subir de nivel? Ofrece todas estas posibilidades a tu cliente.

Puede ser tan fácil como preguntarle si quiere un tamaño super. Le estás ofreciendo opciones en las que no había pensado. Algunos pasarán. Otros aceptarán la propuesta. Misma necesidad, más ingresos. Ahí está la diferencia.

A esto se le conoce como up selling y consiste en ofrecer una versión mejorada de tu producto. Las mejoras dependen de las características del producto. Más cantidad de algo, más tiempo de algo, más... Las más típicas son:

1.- Más Garantías. Es una fórmula perfecta para colocar tu producto a otro nivel. El producto es el mismo, pero el valor percibido por el cliente es diferente.

Cuando ofreces una garantía o una extensión de garantía, estás aumentando la seguridad del producto. Esta fórmula es común en productos caros.

2.- Más Duración. Siempre tienes la posibilidad de aumentar la duración del servicio. Oferta una mayor duración del contrato con descuentos atractivos.

Tu margen disminuirá, pero aumentarás tus ingresos y te asegurarás un cliente. Además, no tienes que repetir el proceso de venta una vez más. Muchos servicios utilizan esta fórmula.

3.- Más Cantidad. La fórmula del fast food. Por un poco más te dan patatas fritas y bebida de tamaño super. ¿Por qué no vas a comprarlo?

Cuando tienes hambre, ¿cuál es la cantidad exacta de comida que acaba con ella? Depende. Si lo tienes claro, depende de lo que quieras. Si no lo has analizado demasiado, depende de lo que te ofrezcan.

4.- Más funcionalidad. Tu producto básico tiene una funcionalidad determinada. Si le incorporas algún accesorio, aumentas el número de cosas que puede llegar a hacer.

Los electrodomésticos trabajan con esta idea. Batidoras con el brazo tradicional que trituran alimentos tradicionales. Si quieres hacer más cosas, tienes el accesorio adecuado para cada necesidad.

5.- Más personalización. No somos iguales. Tenemos gustos propios. Una solución estándar puede funcionar. Pero si das la oportunidad a tus clientes para que personalicen su pedido, puede ser increíble.

Piensa en las pizzas. Te puedes conformar con la carta o puedes diseñar la pizza de tus sueños. Llena de ingredientes por todas partes. Más ingredientes, más ingresos.

6.- Más calidad. La calidad entendida como el nivel de acabado del producto. Ésta es una modalidad de up selling típica de los coches. Puedes contratar un acabado clásico (suele ser el más elemental) o un acabado "elegante" o "deportivo" o...

Por lo general, la segunda opción tiene más calidad. Suele introducir algún elemento adicional (materiales,...). Un elemento que le diferencia de la primera opción y le da más valor percibido.

Si tu producto o servicio es bueno, tu capacidad para ingresar será alta. Pero si tu producto es bueno y utilizas estrategias de up selling, tus posibilidades son increíbles.

No pienses sólo en el producto. Piensa siempre a partir de tu producto. Piensa en todo lo que puedes incorporar a tu producto para hacerlo más atractivo. Para que encaje mejor con las necesidades de tus clientes. Para que te ayude a vender más.

50% Más de Ingresos con Esta Estrategia

Páginas Amarillas vendió durante mucho tiempo un producto que se llamaba "Welcome Pack". Era una gran idea publicitaria.

El concepto era muy sencillo, pero tenía mucha fuerza. El Welcome Pack consistía en entregar un paquete de bienvenida a los ocupantes de un edificio de nueva construcción.

Las Páginas Amarillas eran la excusa. Junto al directorio, se incluían en el paquete un montón de ofertas de servicios y productos relacionados con la nueva vivienda: tapiceros, carpinteros, servicios de comida a domicilio, seguros para el hogar, ferreterías,... Todo lo que tenía algo que ver con una vivienda podía entrar en el Welcome Pack.

La idea funcionaba desde el punto de vista publicitario. Los anunciantes que encajaban en el planteamiento aprovechaban la oportunidad. Entraban de la mano de Páginas Amarillas en las nuevas casas.

Todos ganaban. Ganaban los nuevos propietarios porque recibían su directorio. También, recibían un montón de ofertas que podían utilizar inmediatamente.

Ganaban los anunciantes porque podían dirigirse a un público muy afín. Sus conversiones eran muy altas.

Y ganaba Páginas Amarillas porque cobraba la acción a los anunciantes. El negocio era perfecto.

Las "muñecas rusas"

Éste es un gran modelo. Un modelo que puede funcionar con cualquier tipo de negocio. Olvídate de Páginas Amarillas. Dale la vuelta y piensa que eres una agencia inmobiliaria. Vendes casas.

El planteamiento es muy similar. Aquí no hay directorios, pero da igual. Tienes un cliente. Le vendes una casa. A partir de ahí, le puedes ofrecer lo mismo que le ofrecía Páginas Amarillas.

El modelo funciona como un conjunto de "muñecas rusas". Cuando abres la primera, descubres que hay muchas más en su interior. Las ventajas son infinitas.

Compra múltiple

Esta fórmula puede convertir a tus clientes de compra única en clientes de compra múltiple.

Si estás en el negocio de la venta de inmuebles (u otro similar), es poco probable que tu cliente te compre más de dos casas. Por lo menos, es poco probable que te las compre en el mismo momento.

Cuando le ofreces un conjunto de productos o servicios afines, estás abriendo una puerta. Estás enriqueciendo tu oferta y estás aportando valor a tu cliente. Estás creando una oportunidad que no existía.

Es negocio nuevo. Has transformado la naturaleza del cliente y has mejorado el modelo. Ahora, puedes venderles más cosas. Puedes ingresar más.

Momento perfecto

El mejor momento para venderle algo a tu cliente es cuando acaba de comprarte algo. ¿Por qué? Porque está en "modo compra".

El mecanismo es simple. Tu cliente compra porque ha derribado su barrera mental (precio, beneficios, necesidad,...). Cuando lo ha hecho, todo es más fácil. No es necesario construir todos los argumentos de nuevo. Su predisposición es máxima.

Además, está ahí. Delante de ti. No tienes que ir a por él porque ya está. No tienes que hacer nada para captar su atención porque ya la tienes. Es el momento perfecto.

Si no aprovechas la ocasión, el cliente se va. Construye de nuevo su barrera y todo tiene que empezar de nuevo. Ya no tienes su presencia ni su predisposición. Ahora, compites otra vez con todos. Es mucho más difícil.

Mejor percepción

Acabas de venderle una casa a tu cliente. Surgen nuevas necesidades. Hay que decorarla. Necesitan muebles. Tienen que equiparla con los elementos adecuados...

Hay un montón de cosas nuevas que tienes que hacer o comprar por el simple hecho de adquirir una casa. Piensa en ellas. Son casi infinitas.

Tú tienes la posibilidad de recordarle todo lo que va a necesitar. Puedes tener unas condiciones especiales. Se las puedes plantear.

De esta forma, estás completando tu oferta. La estás haciendo más rica. Estás eliminando inconvenientes y haciéndole la vida más fácil. La calidad de tu servicio aumenta y la percepción que tiene tu cliente de ti también.

Si las cosas van bien, quedará encantado. Si las cosas han ido muy bien, se lo contará a todo el mundo.

Como ves, las ventajas son muchas. Es una estrategia fácil. Potente. Todos los negocios se pueden beneficiar de ella.

¿Qué es lo que tienes que hacer? Sencillo. Encontrar productos o servicios que acompañen y enriquezcan tu oferta. ¡Cuidado! No vale todo. Tienes que hacerlo con sentido. Tienes que hacerlo bien.

Estudia tu producto

Todo empieza ahí, en tu producto. Tienes que analizarlo y conocerlo en profundidad. Por lo general, la compra de un producto suele provocar el consumo de otros.

Con tu producto pasa lo mismo. Yo les llamo productos subordinados. Dependen de la compra del primero para tener sentido.

Si compras un viaje, lo más seguro es que necesites transporte, alojamiento, guía,... Si compras una casa, es probable que tengas que llenarla de muebles, realizar alguna reforma, decorarla,...

Da lo mismo el tipo de negocio. Todos los productos tienen sus productos subordinados. Estudia con detenimiento el tuyo y los descubrirás.

Elige los productos adecuados

Productos hay miles, pero no son miles los productos subordinados que puedes utilizar. ¿Por qué? Porque todos no funcionan igual.

La primera regla que deben respetar es que la subordinación sea fuerte. Eso quiere decir que la correlación entre la compra de tu producto y el consumo del producto subordinado sea alta.

Piensa en la casa que acabas de vender. Un servicio de comida a domicilio tiene una subordinación muy suave con la casa. ¿Hay relación? Sí, seguro. Es probable que en algún momento utilices este tipo de servicio. Pero no es probable que sea ya ni que sea imprescindible.

¿Reformas? Eso es distinto. Si la casa que acabas de comprar es de segunda mano, con total seguridad necesitarás contratar ese servicio. La casa tendrá cosas que no funcionan. Que necesitan reparación. O que, simplemente, no te gustan y quieres cambiarlas. Este servicio tiene una subordinación muy fuerte. Este tipo de productos o servicios son los que tienes que utilizar para enriquecer tu oferta.

Busca socios

Cuando has identificado los productos subordinados que pueden funcionar, tienes que buscar a aquéllos que te los pueden proporcionar.

Aquí no tienes que producir nada. Ése no es tu negocio. Sólo tienes que encontrar los socios correctos. Hay tres reglas que debes tener en cuenta.

Los socios no deben ser demasiados. El secreto no está en tener muchos socios. El secreto está en tener los mejores y profundizar en esa relación y en la posibilidad de desarrollar negocios de forma conjunta. Uno o dos por categoría de producto pueden ser suficientes.

Los socios deben ser fiables. La imagen de los productos de tus socios es la imagen de tus productos. En este punto, la comisión pasa a un segundo nivel. De poco sirve conseguir un porcentaje elevado de la venta si acabas con tu imagen. La fiabilidad es el primer aspecto que tienes que valorar. Después, puedes hablar de temas económicos.

Los socios tienen que compartir tu manera de hacer negocios (respeto por el cliente, voluntad de entregar valor constantemente,...). Si no es así, tendrás problemas. Las relaciones que no comparten demasiadas cosas terminan por romperse.

Ofrece unas condiciones ventajosas

Está bien que les recuerdes a tus clientes las necesidades que pueden surgir a partir del momento en que compren tu casa. Está bien que busques una serie de proveedores que puedan ayudarles. Todo eso está muy bien, pero no es suficiente.

Para que tu oferta de productos subordinados tenga sentido, tiene que ser imbatible. Eso es lo que diferencia el servicio del oportunismo. Cuando no lo haces así, tu esfuerzo se pierde.

Al final, ¿qué arriesgas tú y tus socios? ¿El margen? ¿El margen sobre una venta que, de no ser así, no existiría? ¿El margen sobre un negocio creado de la nada?

No sé, haz las cuentas. A mí el margen del producto multiplicado por cero ventas me da cero. El riesgo no es demasiado alto.

Entrega una garantía total

Si le quedan dudas a tu cliente, quítaselas. Haz que pierda el miedo. Todos tus productos deben ir garantizados. Tus productos subordinados también.

La garantía es la mejor demostración de confianza. Si tú confías al 100% en tus productos, tus clientes pueden confiar de la misma manera.

Es importante que incluyas todo dentro de la garantía. Habla con tus socios. Convénceles. Trabaja sólo con aquéllos que lo entiendan. Adapta las garantías a la naturaleza de los productos. Haz lo que quieras, pero dale a tu cliente la tranquilidad que necesita para comprar. Los clientes tranquilos compran más.

Los productos subordinados son una fuente de negocio increíble. En algunos sectores pueden aumentar tus ingresos en más de un 50%.

Tus clientes lo valoran. Están dispuestos a pagar por ellos. Es fácil de organizar y se puede lanzar rápidamente. ¿Entonces...?

Entonces... ponte a buscar rápidamente los mejores productos subordinados. Los que mejor se adaptan a tu producto. Pon en funcionamiento todo el sistema y prepárate para multiplicar tus ingresos.

Rápido Gana A Bueno

En la ciudad donde vivo, hay un restaurante italiano sencillamente increíble. Si te gusta la pasta, éste es tu sitio.

¿El secreto? Unas materias primas fantásticas. Todo natural. Todo fresco. Todo italiano. Cuando pruebas sus Gnocchi Gorgonzola, no hay mucho más que decir. Son los mejores. Seguramente hay otros, pero no son lo mismo. Es imposible.

Sí, es un restaurante fantástico, pero no es perfecto. Tiene un "pero". Son lentos. Entre un plato y otro pasa demasiado tiempo. Demasiado para rellenarlo con una charla divertida. Demasiado tiempo para casi todo. Al final, pocos clientes o muchos menos de los que se merecen sus Gnocchi.

Otra forma de verlo

Hay otro restaurante. Es otra cosa. También es italiano, pero no se puede comparar. Es un restaurante discreto que tiene una cocina discreta. Olvídate de Gnocchis, pappardelle, bucatini o de cualquier otra cosa por el estilo. Es mucho más funcional. Pasta fácil para todos los gustos.

No es un gran restaurante. Al menos, no lo es desde el punto de vista gastronómico. Hacen pocas cosas, las hacen de forma correcta y las sirven sin más.

¿Cuál es la diferencia entre los dos restaurantes? Éste último tiene clientes. Tiene muchos más clientes que el primero. Es así. Peor producto y más clientes. A veces pasa.

¡Ojo con el producto!

Hay que tener cuidado. A veces nos confundimos. Pensamos en nuestro producto. En su calidad. En lo increíble que es. Pensamos en nuestro producto y nos olvidamos de lo demás. ¿Por qué? ¿Por qué habría que hacerlo? Tenemos un producto fantástico. Vendrán.

Ése es un razonamiento peligroso. Deja muchas cosas de lado. ¿Tu producto es bueno? ¡Enhorabuena! Es un gran paso. A partir de ahí se pueden hacer muchas cosas, pero hay que hacerlas bien.

Si tu producto es bueno, está bien. Si tu producto es bueno y eres rápido, es excelente. Pero si tu producto es bueno y eres lento, no tienes producto. Tienes un montón de clientes cabreados. ¿Por qué? Porque rápido gana a bueno.

Vender Más Hoy, Mañana, Pasado Mañana...

La situación es la siguiente: te levantas por la mañana y tienes un montón de clientes comprando tus productos. Un mes, otro, otro más,...

No has contactado con ellos. No has hecho nada nuevo. No has movido un dedo más. Simplemente, empieza el mes y tienes un nuevo ingreso en tu cuenta corriente. ¿Qué te parece?

Es el sueño de todo emprendedor: tener una máquina de hacer dinero. Vender sin vender. Ingresar más sin necesidad de ganar más clientes.

¿Es posible? Es mucho más sencillo de lo que piensas. ¿Cómo? Cambiando la manera en las que ves tus productos o servicios.

Puedes hacer dos cosas. Puedes ver tus productos como algo que satisface una necesidad en un momento determinado. O puedes ver tus productos como algo que satisface una necesidad a lo largo del tiempo.

Ésa es la base de los negocios de suscripción. Ofreces a tu cliente la posibilidad de satisfacer su necesidad hoy, mañana, pasado mañana, al otro,... El cliente sólo tiene que pagar su suscripción mensual o anual. Tú te encargas del resto.

Piensa en los Clubes de Lectura. Te haces socio. Pagas una cuota mensual y tienes acceso a los libros del mes. Más o menos en función de la cuota que hayas pagado. ¿El Club? El Club sólo tiene que seleccionar los libros y ponerlos a tu disposición.

Estás rodeado de ejemplos. Hay millones de ellos: compañías telefónicas, clubes deportivos, proveedores de Internet, revistas, periódicos, gestores de fondos, televisión de pago, aplicaciones web,...

¿Cuál es el secreto? El secreto es darle continuidad a tu oferta. Eso es todo. Trata a tu producto de una manera diferente. Dale continuidad a tu oferta y aprovecha todos los beneficios de esta estrategia:

a.- Sólo vendes una vez. Ésta es la magia de este modelo. No tienes que vender constantemente para ingresar. Vendes una vez la suscripción e ingresas cada vez que prestas el servicio o entregas el producto.

b.- Te pagan por adelantado. En las suscripciones anuales, puedes recibir el dinero antes de entregar el producto. ¿En qué otro negocio ocurre esto? Realiza una buena oferta y asegúrate el dinero de antemano.

c.- Tus clientes tienen que darse de baja. En los modelos tradicionales, el cliente tiene que tomar la decisión de compra. Aquí, tienen que tomar la decisión de cancelación. El modelo se invierte. Hay que hacer algo para dejar de comprar.

d.- Estrechas la relación con tus compradores. En los negocios de suscripción los vínculos duran más. Las oportunidades de contacto son mayores. Tienes más tiempo para conocer a tus clientes. Para interactuar con ellos y entender mejor sus necesidades.

Hay dos tipos básicos de suscripción. La suscripción en la que entregas el producto o servicio contratado y la suscripción en la que das acceso a contenido o información.

Ejemplos típicos de la primera fórmula son las suscripciones a revistas, periódicos,... Pagas tu suscripción y recibes tu ejemplar mensual, trimestral,... También es muy común en servicios web. Pagas una cantidad mensual por tener acceso a aplicaciones,...

La suscripción a contenidos o información es algo diferente. Tienes grandes cantidades de información almacenadas. En lugar de entregar el producto, das acceso a consultas. Este tipo de suscripción es normal en servicios de base de datos (informes, estudios,...).

La pregunta, ahora, es "cómo puedes transformar tu negocio en un negocio de suscripción":

1.- Continuidad. Analiza si tienes algún producto o servicio que pueda venderse con continuidad. Si no lo tienes, estudia cómo lo puedes transformar para conseguirlo.

Piensa en una librería. Cuando sus clientes quieren un libro, van y lo compran. Transacción cerrada. No hay más hasta que el mismo cliente quiere otro libro y vuelve de nuevo.

Dale un giro al enfoque. Sigues vendiendo libros como siempre, pero además vendes colecciones.

Tu cliente compra novelas de aventuras. Le das la posibilidad de suscribirse a la colección de aventuras.

2- Programa. Define cuáles serán las características de tu programa. La forma en la que ofrecerás el servicio de suscripción a tus clientes.

En el ejemplo anterior, el programa podría ser el siguiente:

.- Suscríbete a nuestra colección de libros de aventura.
.- Elige uno entre veinte libros diferentes todos los meses.

A tu cliente le gustan los libros de aventuras. Realizas una selección de libros que pueden ser interesantes para él. Le das a elegir uno todos los meses. ¿Tiene sentido?

3.- Oferta. Hazle una oferta atractiva. Algo que le motive a tomar su decisión. Muéstrale cuánto dinero se puede ahorrar si se compromete a una relación a largo plazo. Una oferta que no pueda resistir.

¡Ah! Hazlo fácil. No pongas cláusulas raras ni nada por el estilo. Algo que se entienda a la primera.

Todos los meses puede elegir un libro entre una oferta de veinte. Le das un descuento atractivo y te aseguras la venta de doce libros al año. ¿Crees que puede funcionar?

4.- Renovación. Sencillez es la palabra. La renovación no debe provocar problemas. Debe ser automática. Termina el periodo contratado y se activa de nuevo con un cargo en la tarjeta o cuenta corriente de tu cliente. Todo automático. Todo sencillo.

Las renovaciones automáticas funcionan perfectamente en modelos de suscripción mensual. Todos los meses recibo en mi tarjeta el cargo de mi servicio de autoresponder (emailing). Es una manera fácil y limpia de renovar el acuerdo.

Las suscripciones anuales son diferentes. Por lo general, cuando termina el periodo contratado, se suele pedir la renovación. No se hace automáticamente.

Sea como sea, deja siempre claro cómo se realizará la renovación. Si lo vas a hacer automáticamente, tu cliente no debe tener ninguna duda al respecto.

Empieza un nuevo mes. Tienes 1.000 clientes en tu programa de suscripción (consejos para emprendedores, lecciones de jardinería, tips para disminuir tu estrés,…) pagando 25 euros al mes. Eso es un total de 25.000 euros al mes. Eso es un total de 300.000 euros al año. Tienes un gran negocio. ¿No crees?

¡Welcome Back Cliente!

¿Quieres más clientes? Claro. Todos quieren más clientes para su negocio. Los buscas por todas partes. Diseñas mensajes preciosos para ellos. Compras espacio en distintos medios de comunicación. Te gastas auténticas fortunas en campañas de publicidad...

¡Es increíble! Disparas en todas direcciones. Realizas un esfuerzo fantástico, pero no eres capaz de ver lo más evidente. No eres capaz de pescar donde hay peces.

La manera más rápida y sencilla de incrementar tu número de clientes es recuperando a los antiguos.

¿Tiene sentido? Seguro. ¿Es obvio? No lo parece. Por encima del 80% de los pequeños negocios no tienen ninguna política de recuperación de clientes.

Es más, muchos de ellos están tan preocupados en conseguir clientes nuevos que no piensan nunca en los antiguos. No saben cuántos clientes pierden. No saben porqué se van. No saben... no saben nada de sus clientes.

¡Locura! Inviertes fortunas para captar clientes. Lo consigues y, cuando han consumido tus productos, dejas que se vayan sin saber a dónde van y porqué. No haces nada. Bueno, sí.... intentas captar más clientes nuevos.

Dato: Captar un cliente nuevo te puede costar más de 10 veces lo que te cuesta recuperar un cliente antiguo.

¿Te parece suficiente argumento? Claro que es suficiente argumento. Es un argumento fantástico.

Recuperar clientes antiguos es una gran estrategia. Todo es positivo. Además de costarte menos recuperar un cliente antiguo que captar uno nuevo, tiene muchas más ventajas:

a.- Es más fácil. Sí, te costará menos trabajo convencer a un cliente que ya ha tenido una relación profesional contigo que a otro al que no conoces.

¿Por qué? Porque el antiguo ya te ha demostrado que tiene la necesidad y ha pagado por ella. Ha actuado. Está bien... algo falló y se marchó, pero lo cierto es que pagó por cubrir una necesidad. ¿El nuevo...? El nuevo tiene que demostrártelo todavía.

b.- Te ayuda a mejorar. Cuando contactas con un cliente que se ha marchado, tienes la oportunidad de saber porqué lo ha hecho. De entender sus motivaciones.

No hay nada como conocer las causas de esas fugas para corregirlas. Es una información muy valiosa. Presta mucha atención a todo lo que te dicen, corrige tus errores y mejora tu negocio. Quizá, no consigas recuperar el cliente, pero evitarás que otros muchos sigan su camino.

c.- Puedes fidelizar mejor. La naturaleza humana es sorprendente. Compras algo a alguien. No quedas satisfecho y te olvidas de él. Te llama, entiende tus razones, admite su responsabilidad, te ofrece un gran trato y vuelves. No sólo vuelves, además reconoces el esfuerzo y aumenta tu fidelidad.

Somos así. Reaccionamos con violencia. Nos vamos a los extremos y, cuando nos prestan atención, lo agradecemos.

Centrarte en tus antiguos clientes e intentar reactivarlos es una de las mejores estrategias para seguir creciendo.

Las compañías que prestan atención a su cartera de clientes perdidos obtienen resultados sorprendentes.

Por una parte, aumentan su base de clientes. Por otra, relajan la necesidad de conseguir clientes nuevos. El resultado es perfecto.

Lamentablemente, como te he dicho antes, este aspecto es uno de los más desatendidos. Las causas pueden ser muchas. Da lo mismo. La buena noticia es que tiene solución.

Empieza a considerar a tus clientes perdidos como una de tus prioridades. Preocúpate por ellos y préstales atención. Y lo que es más importante, diseña un proceso para gestionarlos.

1.- Construye una base de datos. Éste es el primer paso. Si no sabes quiénes son tus clientes, poco puedes hacer. No te vuelvas loco. No hace falta que sea nada complejo.

Al principio, sólo necesitarás saber su nombre, tener un mecanismo de contacto (e-mail o teléfono) y reflejar su historial de compras. Con eso es suficiente.

2.- Identifícales. Antes de nada, define qué es un cliente perdido. El momento o circunstancia a partir del cual pasa de cliente a cliente perdido.

Ahora, tienes que identificarlos y clasificarlos. Recuerda que estás organizándolos para intentar recuperarlos.

Aquí, el criterio más importante es el de la antigüedad. ¿Cuánto tiempo ha pasado desde que compró por última vez? ¿Mucho? Poco relevante. ¿Poco? Más relevante.

Los clientes perdidos más recientemente son los que tienen más probabilidades de volver. Según va pasando el tiempo, resulta más difícil.

3.- Contáctales. Cuando ya los has organizado, es el momento de empezar a contactar. Elige la fórmula que resulte más adecuada.

El cara a cara es el método más directo y más potente. También es el método más costoso y más complicado.

El teléfono puede ser un buen medio de contacto. Es rápido, es directo y mantiene el mismo toque personal que el cara a cara, pero con menos intensidad.

Siempre puedes utilizar el e-mail, fax, carta,... Son perfectamente válidos, pero tienen menos fuerza que los dos anteriores.

Independientemente del método que utilices, prepara un pequeño guion para intentar controlar la situación. Muestra tu agradecimiento por el negocio que te dieron en el pasado.

Intenta entender porqué te abandonaron y plantea una oferta de vuelta.

4.- Invítales a volver. El objetivo de este proceso es conseguir recuperar tantos clientes perdidos como te sea posible. Si finalmente consigues entender porqué te abandonaron, aumentarán tus posibilidades de recuperación.

Por lo general, los clientes se pueden ir por tres motivos:

Porque se dio alguna razón de fuerza mayor. El cliente cambia de ciudad, ya no necesita tus servicios,...

Porque ocurrió algo ajeno a la relación contigo que interrumpió sus compras temporalmente. La relación era correcta, pero se produce una interrupción y, a partir de ahí, el cliente se pierde porque cambia de inercia.

Porque no quedaron satisfechos con tu producto o servicio. El producto no cubrió sus expectativas, surgió algún problema durante el proceso de compra,... Al final, deciden realizar sus próximas compras en otro lugar.

Si conoces la situación del cliente, podrás hacer un planteamiento más adecuado.

Si tu cliente te dejó por alguna razón de fuerza mayor, poco o nada puedes hacer. Agradécele el negocio recibido y deséale lo mejor para el futuro.

Afortunadamente, la mayoría de las fugas caen dentro de las dos últimas categorías.

Cuando tu cliente interrumpió sin motivo aparente sus compras, lo único que tienes que hacer es recuperar la inercia. ¡Así de fácil! Contacta con él. Discúlpate por no haber dado seguimiento a la relación y prepara una gran oferta de "Bienvenida". Es muy probable que un gran número de clientes regresen.

Para los que no quedaron satisfechos, el remedio es más complicado. Entiende su posición. Haz algo si todavía estás a tiempo. Pero si el momento ya pasó, ofréceles algún producto o servicio gratis sin esperar nada a cambio. En ocasiones vuelven y lo peor que puede pasar es que terminen contando tu bonito gesto a su círculo de influencia.

Que tus clientes te abandonen no es el mejor escenario. Pero si ya lo han hecho, préstales toda tu atención. En más de una ocasión, sólo están esperando que te acuerdes de ellos para volver de nuevo contigo. Ése es un buen negocio.

Tienes Los Clientes Que Te Mereces

Años atrás, la agencia donde trabajaba participó en un concurso para la adjudicación de una cuenta. Bueno... participábamos en muchos concursos, pero éste era algo diferente.

La mecánica de los concursos es simple. Un anunciante invita a una serie de agencias. Presenta un ejercicio de creatividad o de medios. Las agencias trabajan el ejercicio. Presentan y finalmente el anunciante decide con quién se queda.

Todos los concursos son duros, pero éste iba un poco más allá. Las agencias creativas que se presentaban al concurso aceptaban ceder el copyright de sus ideas. Es decir, independientemente de ser elegidas o no, tenían que estar dispuestas a ceder sus ideas.

En medios, el planteamiento también era muy agresivo. Todas las agencias que peleaban por la cuenta lo hacían a través de una subasta ciega en Internet.

Te conectabas a una determinada dirección a la hora fijada. Te presentaban un número de inserciones en un medio y empezabas a pujar a la baja. No sabías quién estaba detrás de cada puja. Daba lo mismo. Ganaba quien pujaba más bajo. Traducción: ganaba quien se comprometía a comprar ese medio a un precio menor. Así con todos los medios de comunicación relevantes.

Demasiado es demasiado

Hay veces que demasiado es demasiado. Seguramente ésta era una de ellas.

Los concursos son una fórmula más para decidir con qué proveedor vas a trabajar. Les das un punto de referencia. Les pides que compitan y comparas. Es así. Algo agresivo, pero funciona.

Cuando va más allá, cuando te piden que cedas los derechos, cuando participas en subastas ciegas, cuando... el tema se complica. Tienes la sensación de que te están llevando demasiado lejos. De que estás cruzando la línea roja.

Todos teníamos esa sensación. Todos pensábamos lo mismo. Todos...

Tienes los clientes que te mereces

..., pero todos estábamos allí. Quejándonos, pero participando. Muchas de las agencias más grandes de este país estábamos en ese concurso. Protestando y pujando a la baja al mismo tiempo. Así son las cosas.

Los clientes son como son. Tienen todo el derecho a serlo. Ellos tienen el dinero. Ellos buscan lo que quieren y lo hacen como les parece más oportuno.

Es así. Hay que aceptarlo. Pero no nos podemos engañar. Los clientes llegan hasta donde tú quieres que lleguen. Si se hace un planteamiento excesivo y nadie lo escucha, no pasa nada. Si muchos entran en el juego, habrá más. Tiene que ser así. Le estamos diciendo que tiene que ser así.

Al final, tienes los clientes que te mereces. Tienes los clientes a los que prestas atención. Tienes los clientes a los que dices que sí. Si quieres otros clientes, aprende a decir que no.

CAPÍTULO 4

NETWORKING

"Las relaciones personales son siempre la clave de los grandes negocios."

-Lidsay Fox-

Mejora Tu Networking

Estamos rodeados de modas. Algo se empieza a hacer al otro lado del océano. Lleva nombre inglés. Alguien ha escrito un libro. Le ha dado una cierta estructura y... ¿Qué más necesitamos? Son razones de peso para darle una oportunidad aquí.

Todo lo que termina en –ing tiene una oportunidad. Claro que sí. No importa mucho si delante del –ing hay o no hay sustancia. Es "cool". No necesitamos nada más. ¡Adelante!

No es el caso del Networking. Sí, es una palabra inglesa. Sí, termina en –ing. Pero a diferencia de otras muchas modas-ing, Network es un gran concepto. Algo que merece la pena trabajar.

Primero lo primero

En la esencia del networking, está conocer gente (contactos) que me puedan ayudar a mejorar mi negocio. ¿Cómo? De la manera más directa. Comprando mis productos o contratando mis servicios. ¿Cómo? De más maneras. Hablándoles a los demás de mí, de mis productos, de la conveniencia de contratarme, de... de lo que sea que me haga ingresar más.

Esa es la idea generalizada del Networking. Lo que todo el mundo sabe. Lo primero que buscan todos cuando piensan en desarrollar esta estrategia.

Hay mucho más

El mundo del Networking no termina en los ingresos. Los ingresos son una razón suficiente, pero hay mucho más.

Tu red te permite compartir. Dar y recibir. Influenciar y ser influenciado. Tu red es un soporte magnífico para el tráfico de ideas. De todas las ideas. Tú tienes que controlarlas. Dirigirlas.

Seleccionarlas. Las ideas son la base de todo y tu Networking la autopista por la que viajan.

Aprovecha el conocimiento de los demás. Presta atención a las ideas interesantes. Cede las tuyas con el mismo entusiasmo. Al final más y más es más para todos.

Imagen y Networking

Todo lo que haces te ayuda a construir tu imagen, a definir tu marca. Las personas, las compañías, las organizaciones con las que te relacionas también. Todo suma. Todo es una prolongación de ti y de tu compañía.

Si tu red tiene unas determinadas características, éstas están en sintonía con tus características. Si tu red inspira determinadas sensaciones, es muy probable que tú o tu compañía también lo hagáis. Tu red es un espejo de tu imagen y un amplificador de tu marca. Tu red es una parte esencial en el Branding de tu empresa.

Trabajar con red es más seguro

La red es una gran metáfora circense. Los trapecistas la utilizan. Con ella se sienten más seguros. Las caídas no duelen. Hay segundas oportunidades.

Parece una contradicción, pero cuando actúas con red arriesgas más. No es un riesgo morboso, es un riesgo con sentido. Intentas cosas que de otra forma no te plantearías.

Tu Networking funciona así. Está ahí para darte seguridad. Para ayudarte cuando te caes. Para quitarte miedos y para invitarte a ser profesionalmente mucho más interesante.

Creo que son suficientes razones para mejorar tu Networking. Pero si todavía te quedan dudas, piensa que eres un animal social. Necesitamos a los demás para desarrollarnos de una manera normal. Tu Networking es tu comportamiento natural. No hacerlo, simplemente es raro.

¿Sabes Cómo Comunicar Mejor?

Todos queremos mejorar nuestra comunicación. Es una de las habilidades que marca la diferencia. Si sabes comunicar, conectas con los demás y aumentas tus posibilidades de éxito. Mejor comunicación, más clientes.

Comunicarte con los demás no es fácil. Tienes que superar un montón de obstáculos. Quizá, el más evidente es tu capacidad para escuchar a los demás. "Sí, para mejorar tu comunicación tienes que aprender a escuchar mejor".

Fallamos estrepitosamente cuando nos toca prestar atención a otros. Ignoramos, malinterpretamos o, simplemente, olvidamos rápidamente el 75% de la comunicación oral.

Todo se puede mejorar. Tu capacidad para prestar atención a los demás también. Hay una serie de elementos que te pueden ayudar:

1.- No pelees por el protagonismo. La comunicación no es una competición. No gana quien coge el turno primero. No gana nadie o ganan todos. Si hay comunicación, es bueno para las dos partes. Si falla la conexión, no hay nada. Todos pierden.

2.- Presta atención verdadera. Escucha con devoción. Tu cuerpo no engaña. Más del 80% de nuestra comunicación es no verbal. Cuando prestas atención a los demás, tus gestos muestran tu interés. Le estás diciendo a la otra parte que es tu centro de atención. No es suficiente escuchar con tus oídos. También, tienes que escuchar con tu cuerpo.

3.- Pide más información. Tus preguntas son como la gasolina de una conversación. Profundiza sobre algún aspecto de la conversación. Pide una aclaración. Solicita opiniones personales,... Cuando preguntas, haces que la conversación avance. Con cada pregunta aumenta la conexión.

4.- Resalta los puntos importantes. Repite lo que creas que es más interesante. Funciona como un pequeño resumen de lo que acabas de escuchar. Cada vez que lo haces, le estás diciendo a tu interlocutor que estás siguiendo su razonamiento.

Cuando aprendes a escuchar mejor, empiezas a entender lo que dice la gente. Éste es el primer paso para saber realmente qué quieren y servirles como esperan ser servidos. En definitiva, ésa es la esencia de cualquier negocio.

¿Cómo Me Pueden Recomendar Más?

Hay muchas formas de comunicación. Todas tienen su sentido. Unas cubren unos objetivos. Otras otros. Si alguna de ellas no ofreciese algo distinto, desaparecería.

Las recomendaciones son una forma de comunicación. Quizá la más importante para pequeños negocios. Tus resultados están en relación directa con las recomendaciones que recibes. Muchas recomendaciones, buenos resultados. No hay recomendaciones, tus resultados se resienten.

No es fácil conseguir recomendaciones. ¿Las buenas noticias? Las buenas noticias son que las recomendaciones se pueden trabajar.

Hay sistemas para aumentar tu número de recomendaciones. Hay pautas que debes conocer. Cuando las sigues, tus recomendaciones lo notan.

1.- Debes desarrollar la actitud. El primer paso de todos es estar convencido. Ten claro que las recomendaciones de los demás son fundamentales. La mayor parte de tu negocio depende de ellos. Cuando lo entiendes, debe formar parte de tu manera de actuar. Tu negocio tiene que favorecer las recomendaciones. Todo lo que haces está dirigido a que te recomienden. Tu estrategia de marketing es conseguir recomendaciones.

2.- Debes ser más recomendable. ¿Qué es esto? Debes desarrollar las características apropiadas para que te recomienden. Todos los negocios no son iguales. Todos los negocios no son recomendables. Si quieres que recomienden el tuyo, tienes que ser mejor. Tienes que superar las expectativas de tus clientes. Cuando les entregas lo que esperan, sólo estás cumpliendo. No eres memorable. Fíjate un objetivo por encima de esas expectativas. Sé ambicioso. Ve a por él y supéralo en todas tus actuaciones. Si lo haces, serás más recomendable.

3.- Debes pedir recomendaciones. Por directo que parezca, las cosas son así. Si no pides recomendaciones, no es probable que te lleguen muchas. Cuando lo haces directamente, las probabilidades de conseguirlas aumentan drásticamente. Muchas veces no recomendamos simplemente porque no nos acordamos. En ocasiones hay que activar la palanca de recomendación de nuestros clientes. Hay que saber cómo pedirles esa recomendación. Así, cuando llegue el momento, sabrán lo que tienen que hacer. Sabrán que tienen que recomendarnos.

4.- Debes elegir a tus amplificadores. Tienes que pensar en quiénes son las personas más adecuadas. Quiénes pueden hablar de ti o de tu negocio y hacerlo bien. Los más obvios son tus clientes. Por lo general, deben ser el centro de atención de tus estrategias de recomendación. Pero no te quedes ahí. Investiga todos los grupos que tienen algo que ver con tu negocio. Analiza si existen puntos de contacto, si pueden ser un buen transmisor de tu mensaje. Elige los que te parezcan más afines. Desarrolla una estrategia de acercamiento y conecta. No es necesario ser cliente para recomendar algo.

Las recomendaciones son un instrumento muy poderoso. Son directas. Conectan necesidad con producto. Solucionan problemas. Nos las creemos.

Los grandes negocios organizan sus recomendaciones. Desarrollan estrategias para mejorarlas. Viven por y para ellas. El resto sólo espera que alguien se acuerde de ellos en algún momento.

¡Re-Networking!

En 1993, Michael Hammer y James Champy publicaron su famoso libro "Reingeniería de Procesos". En él te invitan a analizar todo lo que haces y a rediseñarlo para conseguir mejoras increíbles en costes, servicio, calidad,...

Te propongo algo parecido. Métete de lleno en tus actividades de Networking y plantéate un Re-Networking. Analízalo y cámbialo tanto como sea necesario para sacarle el máximo partido.

Tengo algunas ideas que te pueden servir:

1.- No valen todos los eventos. Deja de disparar en todas las direcciones. No vale todo. Elige con cuidado las reuniones, eventos,... que de verdad te interesan y te diviertan. Sí, es importante que te diviertan. Olvida el resto. No merece la pena.

2.- Sólo con gente interesante. El Networking no es una carrera para recoger tarjetas. Eso no funciona. No sirve para nada. El Netwoking consiste en establecer relaciones naturales con la gente a la que te apetece conocer. Si fuera del negocio no te tomarías un café con alguien, ¿qué interés puede tener conocerlo?

3.- Muerte al Elevator Pitch. O mejor dicho, muerte a la mala utilización del Elevator Pitch. No martirices a nadie con tus 30" de charla institucional. No le interesan a nadie. Utiliza la información de tu Elevator Pitch sólo si se presenta la ocasión. Hazlo de una forma natural. Recuerda, es una conversación, no es un recital de qué-hacemos-cada-uno-de-nosotros.

4.- Deja a alguno vivo. No hay ninguna necesidad de contactar a todos el mismo día. No te empeñes en entablar mini-conversaciones con todo el mundo. Si quieres que tus contactos tengan un mínimo de sentido, tendrás que entablar charlas sinceras. La clave es la sinceridad, no el número de conversaciones. Ya tendrás otra ocasión para conocer a más gente.

5.- Relájate. Sí, no valen las tensiones. Los negocios se hacen entre personas. Muestra tu cara más relajada. No pretendas ser quien no eres y no desperdicies tu tiempo con alguien que no es natural. Los mejores negocios se hacen con las personas con las que tienes un cierto nivel de afinidad.

6.- Diviértete. Diviértete tanto como puedas. Tu estado de ánimo marca el resultado de todo lo que haces. Cuando te encuentras bien, tus resultados son fantásticos. Al revés, no funciona. Diviértete. Conecta con gente divertida. Trabaja con compañías divertidas.

Si tu Networking huele un poco a rancio, ya sabes lo que tienes que hacer. Aplícale un proceso de Re-Networking y consigue mejores resultados.

Es divertido, es fácil y funciona.

Qué hacer en una Reunión de Networking

¿Tienes una reunión de Networking en fechas próximas y no sabes muy bien como desenvolverte? No te preocupes. Es absolutamente normal (más si eres más o menos primerizo en estos temas) que sientas una cierta inseguridad al enfrentarte a este tipo de actos.

Estas reuniones pueden ser una magnífica oportunidad para aumentar tu esfera de influencia. Si las manejas adecuadamente, los resultados pueden ser muy positivos. Por el contrario, si no terminas de encontrarte cómodo y no le sacas todo su potencial, habrás perdido una oportunidad de hacer crecer tu negocio.

Afortunadamente, como para casi todo, siempre hay una metodología y en este caso no iba a ser distinto. Siguiendo las indicaciones que podrás leer a continuación, harás las cosas correctamente y aumentarás considerablemente las probabilidades de éxito.

Te propongo que utilices tres pasos a la hora de preparar este tipo de eventos: antes, durante y después. Todos son importantes y a todos debes prestarle la misma atención.

Antes:

1.- Conoce a la perfección a los organizadores del evento. Resulta imprescindible que conozcas perfectamente a qué se dedica la organización, quiénes son las personas que la forman, sus nombres y responsabilidades. Si entiendes correctamente lo que motiva a los organizadores, te resultará más fácil integrarte en la reunión.

2.- Investiga quiénes serán los asistentes. Interésate por el tipo de personas que acudirán al acto. Descubre si conoces algunos de los nombres y ve preparando con antelación los temas que puedes tratar con cada uno de ellos.

3.- Prepara una batería de preguntas abiertas. Las preguntas abiertas son aquellas que invitan a tu interlocutor a dar una explicación más o menos extensa. Se utilizan para obtener información y funcionan como un elemento de cortesía al evidenciar tu interés por los asuntos de los demás.

Durante:

1.- Llega al acto con tiempo suficiente. Esos minutos de antelación te permitirán hacerte una composición de lugar rápidamente. Podrás elegir el sitio donde te vas a sentar y dispondrás de tiempo para charlar tranquilamente con alguno de los organizadores.

2.- Identifica a las personas con las que quieres hablar. Ve preparando mentalmente el "itinerario de personas" que llevarás a cabo. En caso de no conocer a nadie, pregunta a los propios organizadores por los asistentes. Es probable que ellos te puedan facilitar la suficiente información como para que puedas hacerte una idea sobre qué personas debes conocer.

3.- Aprovecha a los conocidos para que te presenten a otras personas. Echa mano de aquellas personas que ya conoces para que te introduzcan a otras y faciliten los contactos.

4.- Distribuye tu tiempo coherentemente. Evita la tentación de quedarte hablando todo el tiempo con tus amigos. Puede resultar muy agradable, pero no es el objetivo de la reunión. Charla con todos, pero no te pegues a ninguno.

5.- Actúa de forma relajada. Estás en una reunión conociendo gente, sintiéndote a gusto e intentando hacer contactos. No es el momento de enloquecer y convertirse en un killer de las relaciones. Actúa tranquilamente, sin ningún tipo de presión y sin intentar ser alguien que no eres. La mejor fórmula para gustar a la gente consiste en mostrarse tal como uno es. Sin trampa ni cartón.

6.- Muestra tu cara amable. Intenta ser tan agradable como te sea posible. Sonreír alarga la vida y hace amigos. Sonríe de forma natural tanto como te sea posible. No lo fuerces porque quedaría falso, pero intenta mantener esa actitud positiva y agradable durante toda la reunión y la sonrisa aparecerá de forma natural en tu rostro.

7.- Escucha, escucha, escucha. A la gente le encanta hablar de sus vidas, proyectos, pasiones,... y se sienten felices cuando perciben que les prestas atención. Dales todo el tiempo y atención que se merecen y te agradecerán tu interés.

8.- Ten preparadas algunas preguntas de supervivencia. Esto es lo que yo llamo el "Kit salvaconversaciones". Si ves que una conversación no termina de coger el ritmo adecuado, utiliza el Kit salvaconversaciones para lanzar a tu interlocutor preguntas abiertas que le permitan contarte quién es, a qué se dedica, qué tipo de clientes tiene, etc.

9.- Muestra tu vocación de dar antes que recibir. Hazlo de forma natural y la recompensa será mucho mayor de lo que puedas llegar a imaginar. La naturaleza humana es sorprendente y premia a los que son generosos. Primero, preocúpate de dar, que la hora de recibir llegará sin ninguna duda.

10.- Pide las tarjetas de visita de tus interlocutores. Las tradicionales tarjetas de visita son el mejor nexo de unión con tus nuevos contactos. Es una pena dedicarle tanto tiempo y esfuerzo a la labor de Networking y volverte a casa sin los datos de tu nuevo contacto.

11.- Identifica las áreas de interés. Haz las preguntas adecuadas para entender cuáles son los intereses de las personas con las que estás hablando. Puedes tratar temas relacionados con el trabajo o temas que caen en un entorno más personal. En cualquiera de los dos casos, asegúrate de formular tus preguntas de forma elegante y de no molestar a nadie con las mismas.

12.- Utiliza las tarjetas de visita como cuaderno improvisado. Las tarjetas de visita son el mejor sitio para apuntar todas las cosas interesantes que te hayan podido contar sus dueños o que tú hayas podido averiguar. Utilízalas como cuaderno y consúltalas, posteriormente, siempre que sea necesario.

Después:

1.- Contacto inmediato. Al día siguiente o un par de días después como muy tarde, escribe un e-mail a las personas que conociste agradeciéndoles su tiempo y el trato recibido. Si dispones de ella, incorpora alguna información que pueda estar relacionada con el área de interés de la persona en concreto e invítala a mantener el contacto.

2.- Mantén la relación. Aprovecha cualquier excusa con sentido para, de vez en cuando, enviar un e-mail y poder mantener la relación. Utiliza la cabeza y manda un número razonable de e-mails . Si eres demasiado recurrente, corres el riesgo de saturar y ser desconectado.

Estos pasos te ayudarán a gestionar de una forma organizada y sensata las reuniones de Networking. Al principio, te costará, pero poco a poco los irás interiorizando y, al final, te saldrán de forma natural. El primer paso se da andando, así que repásate los que acabamos de comentar y zambúllete de lleno en tu próxima reunión de Networking. ¡Suerte!

Preguntas Para Hacer Networking

Sin duda alguna, tu red de contactos personales y profesionales es uno de los principales activos de tu negocio. De hecho, estos contactos actúan como una auténtica red de seguridad cuando decides arrancar cualquier iniciativa. Tus contactos compran tus productos, los recomiendan a sus conocidos y actúan como una auténtica fuerza de ventas.

Si quieres disfrutar de una buena salud empresarial, te tendrás que dedicar a cuidar y desarrollar esta red de contactos tanto como sea posible. Puedes conseguir contactos de muy diversas maneras, pero, por lo general, los eventos relacionados con tu negocio que convocan un gran número de asistentes son los mejores lugares para incrementar tu agenda de contactos.

Bueno, ya estás ahí en medio de un montón de gente. El gancho de la reunión (presentación, proyección, mesa redonda,...) ya ha terminado, ¿y ahora qué?

Pues ahora te toca contactar, establecer conexiones. Piensa que la mayoría de la gente está ahí por las mismas razones que tú. ¿Qué quiere decir esto? Básicamente, que todos tendrán la misma predisposición que tú a conocer gente y establecer nuevos contactos.

Si tienes más o menos claro las personas a las que quieres conocer, ya tienes tu itinerario. Si no has planificado este aspecto, déjate llevar por la situación y busca personas o pequeños grupos de personas que estén en una situación similar a la tuya. Cuando los encuentres, preséntate e inicia una conversación.

¡Fantástico! Una conversación,... una conversación sobre qué. Aquí es donde entran la batería de preguntas mágicas que debes tener preparadas para sacarle todo el partido a este tipo de reuniones.

En primer lugar, quiero decirte que la preparación funciona. Es decir, si has trabajado previamente una serie de preguntas con el fin de utilizarlas de una manera natural en el evento de turno, los resultados serán mucho mejores que si, simplemente, te lanzas a improvisar.

Ten cuidado y no confundas la improvisación del Networker debutante con la aparente improvisación de los expertos. No tiene nada que ver. Los expertos han pasado por este tipo de situaciones miles de veces y tienen tan interiorizadas sus preguntas y la adaptación de cada una de ellas a las distintas situaciones que consiguen que sus conversaciones parezcan naturales a la vez que tienen el nivel de profundidad adecuado.

No desesperes si tienes que dedicarle más tiempo a la preparación que otros. Todo esto es un tema de experiencia. Cuanto más rodaje vayas acumulando, más sencillo te resultará todo y menos tiempo tendrás que dedicarle a la preparación.

En segundo lugar, es importante que recuerdes que las preguntas que debes utilizar, las preguntas que te van a permitir iniciar conversaciones y abrir las posibilidades a nuevos contactos deben ser preguntas abiertas.

¿Cómo funcionan las preguntas abiertas? De una forma muy sencilla. Son preguntas que no se pueden contestar con un Sí o un No. Es decir, una pregunta como "¿Te ha parecido interesante la presentación?" es una pregunta cerrada que se puede contestar con un Sí o un No, pero si la formulas de otra forma y preguntas "¿Qué te ha parecido la presentación?" acabas de transformar una pregunta cerrada en una pregunta abierta que no admite un Sí o No por contestación.

Cuando planteas preguntas abiertas, estás pidiéndole a tu interlocutor que vaya un paso más allá, que comparta contigo impresiones, sensaciones,... En definitiva, le estás invitando a iniciar una relación que se va a mantener mientras que sigáis intercambiando cosas. Además, las preguntas abiertas le dan el protagonismo a la otra parte y, si eres capaz de escuchar con la suficiente atención, te habrás ganado su consideración.

Si ya tienes claro que las preguntas abiertas son la vía para iniciar conversaciones con posibilidades de éxito, aquí te voy a dejar una batería de 10 preguntas que pueden servirte de ayuda en este tipo de situaciones.

1.- ¿Qué te ha parecido la presentación, demostración, proyección,...?

Esta es la pregunta de Arranque. En cualquier situación de este estilo, tienes que romper el hielo y buscar una pregunta que justifique el inicio de una conversación. Lo que mejor funciona como arranque es preguntar sobre algo que has compartido. Existe un punto en común (lo que acabas de presenciar) y, a partir de ahí, tiene sentido que contrastes opiniones sobre el evento. Es natural y nadie se puede sentir sorprendido.

2.- ¿Qué interés tienes en este tipo de eventos?

Es una manera amable de preguntarle a tu interlocutor o interlocutores a qué se dedican. Con la primera pregunta estableciste la conexión, ahora puedes ir un poquito más allá ligando el contenido del evento al interés que les ha llevado allí. A esta pregunta le llamo la pregunta de Situación porque te ayuda a centrar los próximos pasos de la conversación.

3.- ¿En qué momento se encuentra tu sector?

Generalmente, esta pregunta te permite dos cosas: mostrar abiertamente tu interés por lo que tu interlocutor te pueda contar y empezar a profundizar en el negocio de la otra parte yendo de más a menos.

4.- ¿Qué es lo que más te atrae de tu negocio?

Es un buen momento para dar un giro y pasar de lo más amplio a lo más concreto. Éste es el primer paso. Todavía estás en un terreno impersonal. La contestación puede ser algo más o menos genérico como: es un sector divertido, tiene grandes posibilidades de desarrollo, etc.

5.- ¿Cómo aterrizaste en el negocio?

Con esta pregunta estás ya estás tocando temas personales. Estás pidiendo información sobre los motivos que incitaron a tu interlocutor a tomar la decisión de montar su negocio. Demostrar interés por los demás es uno de los conectores más potentes que existen y, cuando este interés llega al punto en el que se entrelazan con las motivaciones personales, resulta imbatible. Aquí, debes ser cuidadoso y no cruzar la línea roja a partir de la cual puedas resultar incómodo.

6.- ¿Qué momentos han sido los más gratificantes?

Sigues solicitando información, reconociendo el interés por los temas de tu interlocutor, pero lo haces con delicadeza. Observa como la pregunta hace referencia a los momentos más gratificantes como momentos independientes dentro de toda una experiencia. Todos tenemos momentos gratificantes y momentos malos, pero sólo nos queremos centrar en lo positivo. Si hubieses preguntado cómo ha sido la experiencia hasta el momento, el planteamiento podría ser peligroso porque, si los resultados totales (incluyendo momentos buenos y malos) no están a la altura, estarías situando a tu interlocutor en una situación incómoda.

7.- ¿En qué os diferenciáis de vuestros competidores?

Te puede ayudar alternar aspectos emocionales, como los momentos gratificantes de la pregunta anterior, y los aspectos por los que piensan que son diferentes al resto de compañías que operan en su mercado. De alguna forma, le estás pidiendo que muestre su carné de identidad profesional.

8.- ¿Cómo ves el futuro del sector?

Después de haber profundizado en las motivaciones y las experiencias, tiene sentido ganar, de nuevo, una cierta altitud y sacar la conversación del terreno particular. Si te vas moviendo con inteligencia entre lo particular y lo general no corres el riesgo de resultar demasiado agresivo.

9.- ¿Cuál es el papel que quieres tener en ese futuro?

Vuelves de nuevo a lo particular. Esta pregunta funciona muy bien porque su respuesta no deja de ser una declaración de intenciones (todo está por hacer, es decir, no hay limitaciones) y permite a tu interlocutor soñar en alto y tener sensaciones muy agradables.

10.- ¿Qué otros proyectos tienes en mente?

Mantienes el foco sobre el futuro, pero ya no hablas de su negocio actual. Esta pregunta le da continuidad a la anterior, autoriza a tu interlocutor a seguir soñando y te sitúa en una magnífica posición porque demuestra tu interés más allá de los límites y el negocio que se puedan desprender del evento al que estás asistiendo. Esta pregunta, también, puede funcionar como pregunta de cierre. Hasta este momento, es muy probable que hayáis dado un repaso al pasado y presente del negocio de vuestro interlocutor; ahora, una pregunta sobre un futuro lleno de proyectos puede ser un broche final magnífico para concluir la conversación, intercambiar tarjetas y emplazarse a mantener el contacto.

Estas preguntas son una ayuda perfecta a la hora de entablar conversaciones e iniciar una relación profesional. No es necesario que las utilices todas. De hecho, te resultará complicado hacerlo porque, cuando empieces a utilizar esta técnica, la propia conversación te puede llevar de forma natural por otros derroteros. En cualquier caso, siempre tienes esta batería de preguntas para levantar, de nuevo, una conversación que se está cayendo o que no tiene la suficiente energía.

Hay un dicho muy conocido que reza: "Quien pregunta dirige". Hazme caso, funciona. Cede el protagonismo a los otros, elige las preguntas adecuadas y dirige la conversación allí donde crees que es más productiva para todas las partes. Si lo haces de esta forma, descubrirás la gran cantidad y calidad de contactos que pueden aportarte estos eventos. Una buena estrategia de Networking es una de las armas más poderosas que tienen los Pequeños Negocios. No la desaproveches.

CAPÍTULO 5

PRESENTACIONES

"Contar historias es la fórmula más potente para presentar tus ideas en el mundo actual."

-Robert McAfee Brown-

¡Cuenta Historias Que Vendan!

¿Cómo preparas tus presentaciones de ventas? Si eres como la mayoría, es muy probable que trabajes muy duro llenando tu Power Point de números, características, beneficios, gráficos, y todo tipo de datos.

Por lo general, ésta es la fórmula más utilizada en cualquier departamento comercial. Se junta toda la información que creemos que nos puede ayudar a vender, la estructuramos y nos presentamos delante del cliente con un Power Point de 50-60 slides y la mejor de nuestras sonrisas.

Lo siento, pero tengo malas noticias. Este tipo de presentaciones sólo funcionan cuando tu competencia utiliza la misma técnica. En ese caso, ganará el que defienda con mayor soltura su presentación. Pero, en cualquier otro caso, tus posibilidades de éxito son reducidas.

Las presentaciones que siguen estos patrones no toman en consideración una serie de factores que son críticos para conseguir la venta:

1.- Son aburridas. Independientemente de estar en un entorno profesional, necesitas enganchar a tu audiencia. Si no tienes su atención, todo será más difícil.

2.- Abusan de los datos. Recuerda que la mente humana recuerda en bloques de 7 más menos 2. ¿Qué significa esto? Pues que todo lo que sea presentarle ideas, conceptos, números, comparaciones,... que superen el 5 (por encima del 5 te arriesgas a que haya muchos que no te sigan) no se suele recordar.

3.- No contemplan nuestra capacidad de atención. Las personas somos capaces de mantener bloques de atención de unos 20 minutos. Una vez transcurridos, debes darle un giro a tu presentación para conseguir la atención de tu audiencia de nuevo.

4.- Olvidan la emoción. No recuerdan que su objetivo es convencer a personas de carne y hueso. Personas que se pueden sentir más identificados contigo y tu compañía si eres capaz de encontrar las claves que les motivan.

Para ganarte a tu audiencia, derrotar a tu competencia y trabajar presentaciones ganadoras, tienes que contar historias que vendan:

a.- Cuenta una historia. Pon a tu cliente en el centro del universo y explícale lo que puede ocurrir si utiliza tu producto o servicio (resultados). Utiliza experiencias con otros clientes para ilustrar tu presentación...

b.- Maneja ideas (las más importantes) y sopórtalas con datos (pocos). Las ideas son más potentes que los números. Utiliza estos últimos solo cuando es estrictamente necesario. Intenta presentarlos de una forma simple. Siempre podrás dejarle todo tipo de información para que revise los detalles si está interesado.

c.- Emplea distintas técnicas. Cada uno de nosotros procesa la información de forma distinta. Algunos prefieren la comunicación oral. Otros se sienten más cómodos con las imágenes. Y, también, los hay que necesitan hacer, tocar, revisar... para entender lo que tratan de explicarle. Utiliza inteligentemente todas estas posibilidades para llegar a todo el mundo.

d.- Sé breve y vende un solo concepto. El dicho "Lo bueno, si breve, dos veces bueno" nunca ha sido más cierto. Una buena presentación de ventas es un ejercicio de quitar y no de añadir. Es decir, tienes que ser capaz de sacar de la presentación todo lo que no es fundamental y quedarte con el solomillo. Además, si intentas vender más de un tipo de producto o servicio, tendrás problemas. Cuando nos dispersamos, nos cuesta más tomar decisiones.

Vender no es fácil. Ganar clientes es una de las tareas más complicadas de cualquier negocio. De todas formas, si quieres tener una ventaja sobre tus competidores, actúa de una manera distinta y cuéntales historias que vendan.

¿Cómo son las Buenas Historias?

¿Por qué hay mensajes que llegan y otros que no? ¿Cuáles son las claves para ganar la atención de la gente?

Hay muchas formas de contar las cosas. Podemos recitar datos. Esa es una manera. O podemos poner esos datos en un contexto y contar una historia. Esa es otra.

Por lo general, reaccionamos mejor a las historias que a los datos. Las historias conectan mejor. Son más visuales. Nos involucran. Nos enganchan. Nos llevan de un punto A a un punto B sin darnos cuenta. Las historias venden más.

¿Todas las historias funcionan igual? No, claro que no. Las buenas historias funcionan. Las malas no.

Hay algunos elementos que se repiten en las buenas historias. Si quieres construir relatos que te ayuden a vender tu mensaje tienes que utilizarlos:

1.- El objetivo. ¿Por qué vas a contar una historia? ¿Cuál es el objetivo? Contar historias está bien. Es divertido. Pero si quieres que tenga algún sentido profesional, debes fijar un objetivo. ¿A dónde quieres llegar?

2.- El escenario. Introduce la situación. Pon en contexto a tu audiencia. Da la información suficiente para que todos entiendan cuál es el punto de partida. Sin él no te podrán seguir.

3.- Los personajes. Toda historia tiene personajes. La tuya también. Descríbelos. Asegúrate de que son lo suficientemente diferentes. Compáralos con alguien que tu audiencia pueda identificar.

4.- El detonante. Has introducido la situación y los personajes. Ahora te toca hacerla avanzar. Haz que pase algo. Imagina que estás contando una historia sobre unos clientes. "La compañía se dedicaba a... Tenían tantos empleados... Todo funcionaba perfectamente... Hasta que un día ocurrió..." Por lo general, el detonante es un problema que hay que solucionar.

5.- El desarrollo. Cuando aparece el detonante, empiezan a ocurrir cosas distintas. A esto se le llama el desarrollo. Es el cuerpo de la historia. Te permite introducir toda la información relevante. Toda tu argumentación.

6.- La solución. Al final, encuentras la solución al problema que se planteó. Demuestras porqué esa solución es la correcta. La que devuelve a los personajes a una situación de estabilidad.

7.- La conclusión. Explicas el objetivo de la historia. Porqué la has contado. Qué puede aportar a tu interlocutor.

Estos elementos podrían formar el esquema del *case study* de cualquiera de tus clientes. ¿Hay mejor manera para hablar de tu producto o servicio que contar cómo soluciona problemas a otros? Seguramente no.

Estamos en la era del contenido. De las historias. Utilízalas para conectar con tus clientes. Vende más y mejora tu negocio.

¿Qué Diferencia a los Grandes Oradores?

¿Conoces el Speakers´Corner? Si has estado en Londres y has tenido la oportunidad de pasear por Hyde Park, cerca de la zona de Marble Arch, habrás sido testigo de uno de los espectáculos más alucinantes que puedas presenciar hoy en día: "El Speakers´Corner".

¿Qué es el Speakers´Corner? Es una esquina del parque más emblemático de Londres donde acuden personas de todo tipo con la intención de contar algo a sus semejantes. El mecanismo es sencillo: llegan a la esquina de Hyde Park, cuelgan sus pancartas en las vallas cercanas, colocan un cajón o pequeña escalera, se suben y empiezan a hablar del tema que les ha llevado hasta allí. A partir de ese momento, si son lo suficientemente persuasivos, conseguirán que los viandantes y curiosos que se han acercado a la zona se paren en su cajón y escuchen lo que tienen que contarles.

Como te he dicho antes, es un espectáculo increíble. Los fines de semana, se congrega una auténtica multitud de personas que va de orador en orador buscando un tema que les interese o, simplemente, por la curiosidad del espectáculo.

Te cuento todo esto porque, más allá de lo folclórico del asunto (que lo es y mucho), te puede servir como una magnífica experiencia para reconocer cuáles son los rasgos que comparten los buenos oradores.

En definitiva, todos ellos están peleando por la audiencia. Aquéllos que consiguen ganarse la atención de más gente y logran retenerlos durante más tiempo, son los vencedores y, por lo general, suelen compartir las mismas características:

1.- Saben lo que quieren conseguir. Tienen muy claro dónde están y cuál es el objetivo que persiguen. Es decir, la presentación consiste en dirigir paso a paso a toda la audiencia hasta el logro del mismo.

2.- Estudian a su audiencia. Son inteligentes y saben que, si quieren sacarle el máximo partido a su presentación, tendrán que conocer como es la audiencia que va a recibir el mensaje: educación, procedencia, gustos, etc.

3.- Adaptan su mensaje. En función de las conclusiones que hayan sacado después de estudiar a la audiencia, decidirán si tienen que adaptar algún aspecto del mensaje o transmitirlo de una determinada forma con el fin de que llegue de la manera más impactante posible.

4.- Cuentan historias. Los grandes oradores no presentan listas de ideas o puntos de debate. Los grandes oradores cuentan historias atractivas que enganchan a sus audiencias y ganan sus voluntades.

5.- Analizan las características del evento. Prestan mucha atención al lugar donde se celebrará la conferencia, al número de asistentes a la misma, a los medios que tendrá a su disposición para llevarla a cabo, etc. De esta forma, sabrá que fórmula de comunicación tendrá más sentido: más o menos interacción, más o menos movilidad, etc.

6.- Tienen una organización perfecta. Controlan todos los aspectos de la presentación. Manejan el tiempo disponible, la estructura de la presentación, el material a utilizar y la relación con la audiencia.

7.- Son capaces de conectar con la audiencia. Estudian con antelación cuáles son los posibles puntos de acoplamiento. Finalmente, los utilizan de forma estratégica para conseguir que la relación con la audiencia sea más potente.

8.- Actúan de forma natural. No pretenden ser lo que no son. Apuestan por su forma de ser con virtudes y defectos. Son conscientes de que la naturalidad es uno de los elementos que mayor capacidad de comunicación aportan.

9.- Ensayan para tenerlo todo controlado. No dejan nada a la improvisación. Realizan ensayos que les permiten identificar las cosas que no funcionan y las cambian por otras que pueden tener más sentido.

10.- Muestran pasión por lo que dicen y hacen. No hay nada que enganche más a la audiencia que un orador que siente profundamente todo lo que dice. Es preferible cualquier presentación imperfecta que se haga desde el corazón que una presentación impecable y fría.

Independientemente de que la presentación esté teniendo lugar en el Speakers´Corner o en un palacio de congresos, las características de los buenos oradores son similares en todos los sitios.

Confirma que cumples todos los requisitos y aplícalos en tus presentaciones. Si, todavía, te falta alguno, no te preocupes, todo se puede aprender si tienes la voluntad de querer mejorar y practicas lo suficiente para conseguirlo.

Hablar en público es una oportunidad magnífica y, hacerlo bien, uno de los mayores placeres profesionales al que puedes tener acceso. Hay pocas cosas que se puedan comparar a encontrarse en medio de un auditorio o sala con un montón de ojos poniendo su atención en tu persona mientras que intentas vender una idea. ¡Disfruta de la experiencia!

Menos Cosas, Mejores Presentaciones

Cuando sabemos algo, nos gusta contarlo. Está en nuestra naturaleza. Contamos las cosas con pelos y señales. Intentamos no dejarnos nada. Información, información, información.

En nuestro trabajo pasa lo mismo. Hay que contar algo a otro departamento. Ningún problema. Cogemos toda nuestra sabiduría y la plasmamos en un power point. Slides, slides y más slides. Toca presentar nuestro nuevo producto a uno de nuestros clientes. ¡Fantástico! Dibujamos gráficos, ponemos texto, mucho texto. No nos dejamos nada.

Este patrón se repite constantemente. Queremos transmitir toda la información. No queremos que queden preguntas sin respuestas. Contamos todo.

Es curioso, pero el mecanismo debería ser al revés. Para poder comunicar mejor, hay que utilizar menos elementos. Si no es así, la gente se confunde. Muchas palabras, muchas ideas, muchas... ¡No entiendo. Cuéntamelo de una manera más sencilla!

Las grandes presentaciones tienen menos cosas. Son más ligeras, tienen menos artificio, son más directas. Las grandes presentaciones tienen:

1.- Menos slides. Más slides no es igual a información. Más slides es igual a cansancio. No conviertas tu presentación en una colección interminable de slides. A partir de un determinado momento tu audiencia ha desistido. Los has perdido. Recuperarlos es casi imposible. No les des motivos para que te abandonen.

2.- Menos texto. El texto tiene que ser la excusa. Puede funcionar como apoyo. Si lo utilizas así te lo agradecerán. Darás una referencia que tu audiencia seguirá. Si llenas los slides de texto, intentarán leerlo. Perderás su atención y terminarán desconectando.

3.- Menos complejidad. Una presentación no es el sitio para demostrar tu virtuosismo. Las presentaciones deben ser sencillas. Deben tener pocos elementos que vuelen por la pantalla. Resiste la tentación de incorporar todos los trucos que te permite tu software. Lo simple es bello y se entiende mejor.

4.- Menos datos. Los números te ayudan a argumentar, pero son aburridos. ¿Puedes utilizarlos? Seguro. Tienen su momento. Todo tiene su momento si sabes encajarlo correctamente. Analiza con cuidado tu presentación y dale sus cinco minutos de gloria cuando sea oportuno. No más.

5.- Menos tiempo. Todas las cosas en la vida tienen su duración. Si te pasas, corres el riesgo de arruinar una gran presentación. Presta atención al ritmo, a la cantidad de información, a tu audiencia. Cuando lo tengas claro, decide la duración. Por lo general, las presentaciones cortas funcionan mejor. No te pases. No te lo perdonarán.

Para transmitir más, hay que contar menos. Es así. Si no lo haces, es posible que quedes satisfecho. Es posible que hayas demostrado cuánto sabes. Pero tu audiencia no habrá entendido nada. ¿Era ése el objetivo?

¿Cuánto Tengo Que Preparar Mis Presentaciones?

Ésta es una pregunta que surge con bastante frecuencia. Tienes una presentación importante. Quieres que salga bien. Entonces... ¿cuánto tiempo hay que dedicarle a la preparación?

La respuesta no es fácil. No es fácil porque depende de cada uno. No hay una fórmula matemática que te solucione el problema.

Lo que no tienes que hacer

Es un error de principiante que se repite en muchos profesionales. "No te aprendas la presentación de memoria".

Algunos tienen la sensación de que al recitar de carrerilla su presentación transmiten seguridad, conocimiento,... yo que sé, un montón de cosas.

La realidad es bastante diferente. Cuando sueltas tu presentación de memoria, pierdes toda la frescura. Es algo muy poco natural. Es de plástico.

Además, tienes un peligro añadido. Corres el riesgo de perder el hilo en algún momento. Si te ha ocurrido, sabes de lo que hablo. Si todavía no has pasado por esa experiencia, tienes que saber que es bastante desagradable.

Cuando te falla la memoria, no puedes tirar de los conceptos. Tienes que tirar de las palabras y, si no las encuentras, te bloqueas. No es una gran sensación estar delante de un montón de personas intentando encontrar la palabra que te falta para seguir con tu presentación.

La teoría del armario

El armario es un elemento visual que me gusta utilizar. Yo veo mis presentaciones como un armario lleno de cajones.

El armario es la presentación y los cajones son los distintos bloques en los que está dividida mi presentación.

Cada cajón contiene un tipo específico de conceptos. Conceptos homogéneos. Ésa es la razón por la que se guardan en el mismo cajón.

Yo preparo mis presentaciones hasta el punto en el que soy capaz de recordar todos los cajones y lo que guardo en cada uno de ellos.

Para mí, ése es el límite de la preparación. Cuando soy capaz de recordar con soltura los bloques que conforman mi presentación y los elementos que hay en cada uno de ellos, paro.

Ir más allá no me ayuda demasiado. Por lo general, seguir insistiendo sólo me aporta rigidez.

Prefiero tener libertad para manejar los conceptos dentro del cajón tal como van surgiendo. Así, me siento más cómodo y no estoy sujeto a un guion demasiado cerrado.

Al final es un tema de gustos, pero la conclusión siempre es parecida. Elimina la rigidez. ¿Cómo hacerlo? Con conocimiento y organización. Lo demás sale solo.

Las Presentaciones de Negocio son Show Business

A lo largo de mi vida, he tenido que estar presente en muchas presentaciones de negocio. En ocasiones, como audiencia y, otras veces, como ponente.

La gran conclusión que saco de esta experiencia es que hay dos tipos de presentaciones:

a.- Las aburridas. Duermen a la audiencia y no consiguen transmitir su mensaje.

b.- Las divertidas. Conectan con todos y mantienen un nivel de energía alto que hace que el mensaje se capte, entienda y retenga.

No parece muy elaborado, pero es así. Lamentablemente, las aburridas predominan. ¿Por qué?

Bueno... supongo que falla el enfoque.

Esto es Show-Business. La verdad es que todo es Show-Business. Si piensas que tu presentación no lo es, te confundes.

Los negocios se hacen entre personas y las personas sólo entregan su atención a aquéllos que se la ganan. Para conseguirlo, tienes que saber manejar los elementos básicos de cualquier presentación:

1.- Presentador. Es la figura principal. Tiene una meta: hacer que su mensaje llegue a su audiencia. Él debe dirigir la presentación de la forma más adecuada para conseguir su objetivo.

2.- El mensaje (uno). Lo que el presentador quiere comunicar. Tiene que llegar a la audiencia. Debe entenderse. Tiene que provocar un impacto y mover a una acción para completar su papel.

3.- La forma. Es el elemento crítico. Muchos piensan que lo realmente importante en una presentación es lo que se dice. ¡NO! Lo realmente importante es cómo se dicen las cosas. ¿Por qué? Sencillo, porque si no las dices de la forma adecuada nunca llegarán a tu audiencia. No mensaje. No impacto. No acción. No nada.

4.- La audiencia. Todos somos audiencia. Nos interesa la información. Los contenidos. Pero no a cualquier precio. Lo que une a la audiencia con la información es la forma en la que se transmite ésta. Si no lo haces correctamente, se rompe la comunicación. ¡Final, Finito, The end, au revoir,...!

Tu mensaje es como un líquido que, dependiendo del recipiente donde lo pongas, tendrá una forma u otra.

Esto es Show-Business. Hazlo divertido. Hazlo memorable. Haz que tu audiencia pase un buen rato. Gánate su atención.

¿Tienes que ser divertido? NO (o sí). Tienes que resultar interesante.

Esto es espectáculo. Tú eres espectáculo. Si quieres que tu mensaje llegue donde quieres, transmítelo de una forma espectacular.

"There´s no business like Show Business".

Empieza Con Un Terremoto

Maverick (Mel Gibson) está maniatado encima de su caballo. Tiene una soga alrededor de su cuello que cuelga de un árbol. Un tipo con pinta de malo (Alfred Molina) le mira y se ríe. Tira una especie de saco al suelo y se va.

Maverick mira el saco de tela. Parece que se mueve. De repente, plano de la cabeza de una serpiente de cascabel asomando por el saco. El caballo de Maverick resopla y empieza a moverse. Maverick está asustado. El caballo sigue moviéndose. Se mueve. Se mueve…

Así es como empieza la magnífica película "Maverick" de Richard Donner. No se me ocurre una manera mejor de empezar una historia. Sin tiempo para respirar, ya estás metido en un momento de máxima tensión. Luego, la película.

Creo que era Hitchcock el que decía que las películas debían empezar con un terremoto y, a partir de ahí, seguir subiendo. Eso es lo que ocurre en "Maverick" y eso es lo que debería pasar siempre que cuentas una historia.

Da lo mismo si la historia es una historia de ficción o una historia de negocios. Cualquier historia debe enganchar desde el minuto uno.

Las sorpresas despiertan

La sorpresa es notoria. Te despierta. Te saca de tu inercia. Si ocurre algo de repente, algo que no esperas, te enciendes de golpe. Conectas el ON y ya estás en funcionamiento. No necesitas nada más.

La gran ventaja de la sorpresa sobre otras fórmulas es que se salta el calentamiento y te mete de golpe en la acción. Ahorras tiempo. Es más directa.

Marca el tono desde el inicio

Cuando empiezas ahí arriba, le estás diciendo a tu audiencia cuál va a ser el estilo de tu presentación. Qué puede esperar de ti, de tu historia o de tu producto.

Si nada más empezar estás a tope de revoluciones, lo que está por venir puede ser fantástico. Es un fenómeno natural. Tendemos a realizar proyecciones cuando tenemos puntos de referencia. Si el inicio es trepidante, lo que sigue debe ser increíble. Si empezamos flojos, se plantean dudas.

Si hay interés, hay historia

La combinación de algo notorio y unas expectativas atractivas es igual a interés. No hay nada mejor que tu audiencia quiera saber más. Cuando hay interés, sólo tienes que llevarles por tu historia. Conduciéndoles. Dándoles sus dosis de información. Si lo haces bien, consumirán todo y querrán más.

El interés es importante. Cuando lo pierdes, las cosas son diferentes. Tienes que forzar la información. Eso, por lo general, no funciona.

Las historias son una de las piezas fundamentales de nuestra comunicación. Cuando hablamos, contamos historias largas, cortas, divertidas, aburridas,... Siempre contamos algo. Se lo cuentas a tu audiencia, se lo cuentas a tu mercado, se lo cuentas a...

Cuenta buenas historias. Historias que empiecen con un terremoto y de ahí para arriba. Historias que merezcan la pena. Historias que comuniquen tu mensaje.

CAPÍTULO 6

OFERTA

"Cuando vendes, no es importante lo que propones, sino lo que perciben que propones."

-Jeffrey Gitomer-

¿Has Dicho "Oferta Especial"?

Especial es una palabra importante. Una palabra que sirve para identificar algo diferente. Las cosas especiales son únicas. Las personas que tienen cosas especiales son, de alguna forma, especiales.

Si eres del tipo viajero, es probable que te hayas encontrado en el destino de turno el típico cartel que dice: "Oferta Especial", "Precio Especial" o "Lo que sea Especial". El primero te resulta curioso y te paras para ver qué es eso tan especial. Enseguida, ves otro cartel similar y, a partir de ahí, todo es especial.

Seth Godin hablaba de una vaca púrpura como algo memorable. Algo que haría que todos nosotros nos fijásemos en ella sorprendidos. La vaca púrpura de Godin debería ser nuestra oferta especial.

La vaca púrpura es tan increíble y única que, sólo con verla unos instantes, la recordaríamos para siempre. Es tan atractiva que se lo contaríamos a todos y todos querrían verla. Esa es la fortaleza de las cosas especiales.

¿Pero qué pasaría si, de repente, empezamos a ver más vacas púrpuras, una, otra, otra, otra,...? La vaca púrpura dejaría de ser diferente. Se convertiría en una más de un grupo. Desaparecería la excusa para recordarla y, con ella, el interés.

Eso es lo que pasa con las ofertas especiales, hay tantas que han perdido todo su interés. Nadie se fija en ellas. No se toman en serio.

La próxima vez que intentes captar la atención de tus clientes o promover algún producto en concreto, piensa en la manera más adecuada de hacerlo:

1.- Ten cuidado con el lenguaje que utilizas.
2.- Intenta ofrecer algo genuino y distinto.
3.- Personalízalo.

4.- Haz que parezca una atención única,...
5.- Etc.

Hagas lo que hagas, evita que sea algo más. Es algo tuyo y merece ser especial. Especial con mayúsculas. Si no lo es, no aburras a la gente con literatura barata. Busca otra estrategia y sigue vendiendo.

Especial es una palabra importante que mal utilizada te manda a una división inferior. Trátala con el cuidado que se merece todo lo que es realmente especial.

Vender Más con Menos

Durante muchos años trabajé en los estudios de una cadena de televisión. Mi trabajo consistía en coordinarme con el equipo de los programas para diseñar espacios publicitarios dentro de los mismos.

El mecanismo era sencillo. Cogíamos la escaleta (estructura) del programa, veíamos dónde encajaba mejor y colocábamos pequeños espacios publicitarios de uno o dos minutos de duración.

La idea era aprovechar el escenario, los presentadores, el atrezzo del programa e integrar de la mejor manera el contenido publicitario de nuestros anunciantes.

De esta forma, conseguíamos un resultado diferente, un formato distinto al típico anuncio en el intermedio.

¿El objetivo? Ofrecer a nuestros anunciantes un espacio publicitario disfrazado de programa de televisión. Un espacio publicitario con mucho más impacto que cualquier otra fórmula.

Pero entonces...

Puedes decir que molesta. Puedes comentar que no te parece apropiado. Puedes pensar lo que quieras, pero la verdad es que la fórmula era (y es) fantástica.

Cuando lo hacías bien, el resultado era increíble. Cuando lo hacías bien, conseguías un gran nivel de integración publicidad/contenido. Vencías el rechazo de la audiencia.

Pero entonces... entonces el anunciante veía la oportunidad de llenar de mensajes publicitarios ese minuto de publicidad integrada en contenido. Muchos mensajes publicitarios. Cuantos más mejor.

Al final, ellos pagaban el espacio. Querían ser vendedores. Querían decir muchas cosas. Querían lanzar tantos mensajes como les entrasen en ese minuto.

Ahí estaba el conflicto. El anunciante peleando por incluir más. Nosotros luchando por rellenar un minuto con una idea potente del anunciante. Una idea potente e integrada en los elementos del contenido. Una idea que se cogiese a la primera y que quedase en la memoria de la audiencia.

Menos cosas, más dinero

La psicóloga de la universidad de Columbia Sheena Iyengar desarrolló un experimento interesante.

En su estudio, ofrecía en un supermercado un surtido de mermeladas con distintos sabores. Según el día, la combinación ofrecida tenía seis sabores o 24 sabores.

Iyengar analizó la respuesta de los compradores durante un periodo de tiempo. Finalmente, concluyó que la combinación con menor número de sabores superaba a la combinación de 24 sabores en un 27%.

La gente compraba más la combinación que ofrecía menos. Los compradores se sentían más atraídos hacia la combinación más simple. La que tenía menos elementos. La entendían mejor y les resultaba más atractiva.

La televisión no es diferente

No, la televisión no es diferente. La verdad es que nada es diferente. Éste es un efecto que se repite constantemente. Se da en todos los entornos.

Cuando enfrentas al consumidor a demasiados elementos, se produce confusión y se paraliza la acción. No hay más.

En mi historia, el resultado era desigual. Algunas veces conseguíamos convencer a nuestros anunciantes. Un espacio, una idea. Ésa era la combinación perfecta.

En otras ocasiones resultaba más complicado y llenábamos el minuto con un montón de características, beneficios y bondades del producto.

Supongo que la televisión es así. Las negociaciones son así. Pasan este tipo de cosas. Unas veces unos. Otras veces otros.

Pero lo que siempre es igual es la percepción de tus consumidores. Lo que siempre es igual es que puedes ingresar más vendiéndoles menos.

Cómo Multiplicar El Resultado De Tus Ofertas

Todas las ofertas comparten cosas. Una de las más típicas es el sentido de urgencia.

"Si quieres aprovechar esta oferta, tienes que realizar tu compra en las próximas 24 horas". "Últimas plazas libres. Reserva tu entrada antes de que se agoten". "Entradas limitadas a las 100 primeras llamadas"…

Las combinaciones son infinitas, pero todas comparten la presión del tiempo. "Si no eres rápido en tomar tu decisión, corres el riesgo de perder esta oportunidad".

Es simple. Puedes pensar que sólo es un reclamo comercial. Una manera de influir en tu decisión. Todos podemos pensar lo mismo, pero la fórmula funciona. La prueba es que se utiliza constantemente.

El Experimento de Howard Leventhal

Durante la década de los '60, Howard Leventhal llevó a cabo un experimento para comprobar, entre otros, el funcionamiento del sentido de la urgencia.

Entregó a un grupo de estudiantes un folleto donde se les advertía de los peligros de la enfermedad del Tétanos. Una enfermedad muy grave producida por un bacilo que entra por las heridas y ataca el sistema nervioso.

En el folleto, se instaba a los estudiantes a vacunarse cuanto antes con el fin de evitar el riesgo de contraer la enfermedad.

Los resultados fueron modestos. Sólo un porcentaje pequeño de los participantes en el experimento atendió a la llamada y se vacunó contra el Tétanos.

Una variación interesante

Leventhal prosiguió con el experimento. Convocó a un nuevo grupo de estudiantes y les entregó, de nuevo, el folleto. El mismo folleto que había entregado anteriormente con una sola variante.

Ahora, el folleto contenía un mapa del centro médico de la universidad y listaba las fechas en las que el centro ofrecía un plan de vacunación gratuito contra el Tétanos.

¿Los resultados? Los resultados tuvieron poco que ver con los del primer grupo. En esta ocasión, el número de estudiantes que se vacunó contra la enfermedad superó el 30% de los estudiantes expuestos al folleto.

El efecto multiplicador

El sentido de la urgencia se ha utilizado en las estrategias de marketing desde siempre. La posibilidad de perder una oportunidad por no ser capaz de reaccionar a tiempo es un motivador muy potente a la hora de tomar una decisión ante cualquier oferta comercial. Las compañías lo saben y lo utilizan.

El sentido de urgencia es muy poderoso, pero puede serlo mucho más si lo combinas con instrucciones claras y precisas con todos los pasos que hay que dar.

Si lo haces, si das la información suficiente para que tus clientes no se sientan perdidos, el sentido de urgencia funcionará como siempre y las instrucciones claras y precisas multiplicarán tus resultados como nunca.

¡Riesgo Cero!

El miedo es una sensación extraña. Te atenaza. Te paraliza. No te deja pensar con claridad. Cuando tienes miedo, te cuesta tomar decisiones.

Ahora, el escenario es diferente. Las cosas han cambiado. No tienes miedo. Te sientes seguro. Ya no hay riesgo en tus decisiones. No te preocupa si sale mal.

¿Cómo te comportarías en un escenario así? Tomarías más decisiones. Irías adelante. Actuarías.

El miedo es una barrera que te impide hacer cosas. Cuando quitas la barrera, desaparece el impedimento.

Piensa en tu mercado. ¿Por qué no compran más? Porque tienen miedo. Miedo a que el resultado de su compra no cumpla sus expectativas. Miedo a asumir el riesgo de que tu producto no esté a la altura. A tu mercado no le gusta el riesgo.

No pasa nada. Sacas tu varita mágica. Un, dos, tres,... y desaparece el riesgo. Adiós riesgo, adiós miedo.

Si tu mercado no tiene que asumir el riesgo, comprará. Si eliminas el riesgo de la compra, tus clientes comprarán. ¿Por qué no van a hacerlo? Has quitado la barrera. Ya no hay nada que se lo impida. Compran. Sale bien. Lo disfrutan ¡Chapeau! Compran sale mal. Lo devuelven. ¡Chapeau!

Las garantías funcionan así. Eliminan el riesgo de la decisión de compra. Si tus clientes están indecisos, las garantías les ayudan a decidirse.

El mecanismo es sencillo. La garantía elimina el riesgo para tu cliente y te lo pasa a ti. Si el producto no satisface al cliente, te lo devuelve. Tú le devuelves su dinero. Se acabó.

¿No es demasiado riesgo en un solo lado? Puede, pero la pregunta es la siguiente: ¿Tu producto o servicio cumple lo que promete? ¿Sí? Perfecto. La garantía funcionará para las dos partes.

Si no es así, no tienes un problema de garantía. Tienes un problema de producto. Trabaja en él. Mejóralo.

¡Ah! Sí, sí, hay clientes gorrones. Siempre los hay. Consumirán tu producto y, luego, reclamarán su dinero.

¿Son relevantes? Nunca lo son. Depende de muchas cosas, pero no suelen superar un pequeño porcentaje. Si te quedan dudas, haz una pequeña prueba. Es recomendable. ¿Funciona? Adelante.

Además, el incremento de ventas será tan grande que superará con mucho las posibles devoluciones.

Hay dos grandes tipos de garantías: las garantías tradicionales y las supergarantías.

a.- En las garantías tradicionales, garantizas todo o parte de tu producto o servicio.

Vendes coches de segunda mano. Garantía parcial: garantía de piezas durante un año. Garantía total: si no te convence, tienes 30 días para devolverlo.

b.- En las supergarantías, vas más allá. La garantía total no es suficiente. Además, recompensas a tu cliente por haberte prestado atención. Por haberte dedicado su tiempo.

En tu oferta de coches de segunda mano, regalas un curso de conducción deportiva. No le gusta el coche, lo devuelven y se quedan con el curso.

Todas las garantías aportan grandes beneficios.

Todas las garantías te ayudan a vender más.

Todas las garantías te obligan a mejorar tu servicio para estar a la altura de lo que prometes.

Todas las garantías hacen que tus clientes hablen de ti y de tus productos.

Todas las garantías...

Pero no todas las garantías son iguales.

Cuanto más grande es la garantía, más fuerte es su impacto en ventas. Garantizas más, vendes más. Ésta es la gran ley de las garantías.

Una buena garantía es una herramienta de venta muy potente. Las mejores garantías responden a estas preguntas:

1.- ¿Qué garantizas? ¿La satisfacción total de tus clientes? No lo hagas. Es ambiguo. No se entiende bien. Garantiza los resultados de tu producto. Pierdes diez kilos en tres meses. Aprendes inglés en un año...

2.- ¿Cómo lo garantizas? Aquí no vale la letra pequeña o las cláusulas raras. La garantía tiene que ser sencilla, tiene que ser generosa y tiene que ser honesta. Tus resultados serán proporcionales.

3.- ¿Cuánto tiempo dura la garantía? Depende del producto. No hay reglas fijas. Una garantía de 30 días es buena. Una garantía de 60 días es mejor. "Lifetime Guarantee" (garantía para toda la vida) es la número uno.

4.- ¿Cuál es la compensación? Decide el importe de la compensación. Garantía parcial o parte del importe. Garantía total o todo el importe. Supergarantía o por encima del importe desembolsado por tu cliente. Recuerda: más garantía, más ventas.

5.- ¿Cómo la haces efectiva? Aquí entran todos los detalles administrativos. Qué es lo que tiene que hacer tu cliente para ejecutar la garantía. Cómo vas a realizar el ingreso. En qué plazos vas a hacerlo,... Hazlo siempre fácil. Sin preguntas. Es tu compromiso.

Compañías de todo tipo ofrecen garantías. Lo hacen por una razón: las garantías multiplican su nivel de ventas.

Tú también puedes hacerlo. Una gran garantía puede cambiar tus ingresos. Puede cambiar tu negocio para siempre.

Aumenta el Precio Gritando

It´s party time. Uno, dos, tres,... hasta 120 millones de dólares pagaron por "El Grito". El cuadro de Edvard Munch se convirtió en uno de los cuadros más caros de la historia del arte.

La Casa Sotheby´s de Nueva York subastó la pintura el 2 de mayo de 2012. Sólo necesitaron 7 posibles compradores y 12 minutos para conseguir el récord de obra de arte más cara vendida en una subasta hasta ese momento.

Unos cuantos trazos gruesos y una cara desencajada fueron los protagonistas de las noticias durante todos esos días. Seguramente, Munch nunca imaginó que su obra iba a despertar tanto revuelo.

Una historia interesante

"El Grito" que rompió todas las referencias de precio es uno de los cuatro cuadros que Munch pintó con el mismo motivo.

Saltó a la fama como el predecesor de uno de los movimientos pictóricos más importantes de la historia del arte. El expresionismo.

La pintura refleja el carácter desequilibrado del artista. Sus colapsos nerviosos y las acusaciones de locura convirtieron a Munch en un personaje interesante.

La leyenda aumentó cuando, primero en 1994 y después en el 2004, dos versiones de los cuadros fueron robadas. Dos años tardó la policía en recuperar el último cuadro.

"El Grito" tiene la historia de los grandes productos. Una historia mediática. Una historia conocida. Los productos que rompen marcas tienen historias interesantes detrás. Historias que les hacen famosos.

Los productos exclusivos son caros

El arte tiene la particularidad de ser único. Una obra es una obra. No puede haber dos. Bueno... puede haberla, pero no son iguales. Único y exclusivo son dos características que van de la mano.

"El Grito" no es un cuadro. Es una serie de cuadros. Cuatro. Tres de ellos se exhiben en museos. Son únicos, pero han dejado de ser exclusivos. Pertenecen un poco a todos. A todos los que pagan una entrada y pueden contemplarlos.

La obra que se subastó es la única que estaba en manos privadas. Quizá no es la mejor. No lo sé. Pero es la única que no es pública. Que no puedes ver.

Sólo los productos exclusivos tienen esa capacidad. Soportan precios altos. Los precios son un atributo más de su exclusividad.

Hay que crear expectación

Luego, hay que preparar el ambiente. Hay que crear expectación. Hay que vender que algo único va a ocurrir. Hay que hacerlo una y otra vez. Hay que hacerlo tantas veces como sea necesario. Las que necesite tu público para asumir que es así. Que no puede ser de otra manera.

La subasta de la obra de Munch siguió ese patrón. Se anunció durante meses, preparando el entorno, avisando de la importancia del evento. De la posibilidad de convertirse en el evento de arte del año. De la historia. Lo consiguió.

Crear expectación funciona. Te predispone. Hace que las cosas sean más fáciles. Es una especie de preventa. Vendes parte de la obra antes. Compras el interés de tu mercado.

Seguro que tus productos no son como "El Grito" de Munch. Seguro que tienen muchas diferencias. Pero si quieres aumentar tus precios, si quieres pelear en otro campo, sigue el guion. Ofrece productos únicos, constrúyeles una historia atractiva y crea tanta expectación como te sea posible. Quizá no puedas venderlos por 120 millones de dólares, pero es probable que no tengas que competir en precio.

¿Cuánto Vale Mi Producto?

Cuando cambiaba la temporada, las cadenas de televisión solíamos preparar una gran presentación para anunciar los cambios.

En cierta ocasión, en el descanso de una de estas presentaciones, tuve la oportunidad de escuchar involuntariamente la conversación de unos anunciantes.

Acabábamos de cerrar el acuerdo anual con ellos la semana anterior. Estaban hablando sobre cómo había ido la negociación. Detalles técnicos. Nivel de inversión,...

En un momento de la conversación, uno de ellos comentó que otra vez les habíamos ganado. Otra vez les habíamos "colocado" un precio muy alto.

Bueno...es una opinión. Cada uno puede pensar lo que quiera. Ellos podían pensar que les habíamos vendido la publicidad en televisión a un precio elevado. Están en su derecho.

Lo único cierto de todo esto es que ese anunciante tenía las mejores condiciones comerciales en nuestra cadena.

Curioso. ¿No? El anunciante con mejores condiciones piensa que le estamos vendiendo a un precio abusivo. Cuando esto ocurre, algo pasa. Algo estamos haciendo mal.

Cuando esto ocurre, nos preguntamos porqué nuestro cliente no es capaz de ver el valor real de nuestro producto. Porqué piensa que vale menos de lo que realmente vale. Pero...¿cuánto vale nuestro producto?

¿Dónde están los puntos de referencia?

Éste es uno de los errores que cometemos constantemente. Éste es el error que cometimos con aquel anunciante de televisión.

La situación es sencilla. Un cliente con un volumen importante de inversión presiona a la baja el precio. Tú cedes. Sigue presionando. Sigues cediendo por miedo a perder la inversión. Así hasta que cerráis en algún punto.

Conclusión. Todos descontentos. ¿Por qué? El cliente presiona sin grandes puntos de referencia. Al final le queda la sensación de que podía haber presionado más.

Tú bajas el precio muy por debajo de tus expectativas. No tienes claro que hayas hecho un gran negocio.

El valor depende de la comparación

Para darle valor a las cosas, hay que ponerlas en contexto. Hay que demostrar cuál es tu posición en comparación con los demás. Tu producto vale más o menos cuando lo comparas con algo. Cuando no hay comparación, no hay referencia y todo es subjetivo.

Demuestra a tu cliente porqué tu producto vale lo que dices que vale. Compáralo con la competencia. Argumenta las diferencias. Explica el porqué de las cosas. Sé objetivo.

No te olvides de construir un gran contexto para tus productos. Tus clientes se sentirán más seguros y tú defenderás mejor su valor.

Precios Altos y Precios Bajos

Entras en una tienda. Quieres comprar algo. Lo que sea. El dependiente es un tipo agradable. Te pregunta si puede ayudarte en algo. Escucha atentamente lo que le cuentas. Cuando terminas, empieza a actuar.

Desaparece un segundo y aparece con una versión de lo que quieres. Es una primera aproximación. Te la muestra. Es tal, es cual, es.... Encaja con lo que te interesa. Funciona mejor en estas condiciones, pero... bla, bla, bla,...

El precio

Suena más o menos bien. Quizá no es exactamente lo que quieres, pero suena bien. El dependiente sigue... bla, bla, bla,... ¡Ah! El precio es interesante. El precio es XXX.

¿El precio es XXX? El precio es bajo (piensas). No es lo que quiero, pero es una buena introducción. Quizá hay más alternativas. Hay que explorarlas.

El dependiente sigue con su trabajo. Intenta encontrar algo que encaje mejor con tus deseos. Tiene más opciones. Te presenta la segunda. Es parecida a la primera, pero es algo más completa. Alguna funcionalidad más. Algún beneficio más. Ya sabes... algo más.

Ahora, el precio es distinto. Seguro que puede tener justificación, pero el hecho es que el precio es más alto. Más alto que el anterior.

No sé. Te parece caro. Cuesta más que la primera opción. Quizá, hay que seguir mirando.

Las cosas no son lo que son

En el siglo XVII el filósofo John Locke estudió los efectos de la percepción. Descubrió que el agua tibia no era tibia. Al menos, no era percibida siempre como agua tibia.

El agua tibia podía ser fría o caliente. Si antes de meter la mano en el cubo de agua tibia, introduces la misma mano en un cubo de agua caliente, el agua tibia es fría. Cuanto más caliente es el agua del primero cubo, más fría es el agua tibia del segundo.

La percepción funciona también en sentido contrario. Si el primer cubo contiene agua fría, el agua tibia es agua caliente.

Esto se conoce como el Efecto Contraste. Las cosas no son lo que son. Están absolutamente influenciadas por la referencia más inmediata. Cuando la referencia es baja, toda comparación parecerá alta. Cuando es alta, funciona al revés.

Pasa siempre

Sherif, Taub y Hovland (1958) profundizaron algo más en este fenómeno. Realizaron un experimento parecido utilizando distintos pesos.

Cuando una persona levantaba un objeto muy pesado, cualquier otro objeto con un peso menor parecía extraordinariamente ligero.

Los resultados eran los mismos. Las referencias inmediatas influyen de forma determinante sobre nuestra percepción. Además, el efecto es mucho más virulento cuando el contraste es mayor.

No es lo mismo

El Efecto Contraste funciona. Funciona en todos los entornos. Nuestras percepciones están influenciadas por nuestras referencias. Las cosas son lo que son en función de lo que les rodea.

No hay valores absolutos. Todo depende de aquello contra lo que se le compara. Agua tibia frente agua caliente o agua tibia frente a agua fría. La percepción es diferente.

No es lo mismo que el dependiente encantador te enseñe primero la opción más barata. No es lo mismo porque cualquier otra opción que te presente después te parecerá exageradamente cara.

No es lo mismo que te enseñe primero la opción más cara. A partir de ahí, tu percepción será distinta. Todo será barato.

Los precios no son altos ni bajos. Los precios son percepciones. Son percepciones que puedes manejar. Si los gestionas inteligentemente, les sacarás todo su partido. Si no lo haces, puedes tener problemas.

CAPÍTULO 7
PROMOCIÓN

"Creo que el poder de la persuasión es el mayor poder de todos los tiempos."

-Jenny Mollen-

El Perro de Paulov y la Promoción de Ventas

El perro de Paulov salivaba. Le acercabas un plato de comida y empezaba a salivar. Es normal. Es lo que pasa cuando ves comida. El cuerpo se prepara. Empieza a trabajar.

Paulov fue más allá. Asoció otros elementos a la comida. El sonido de un metrónomo. Una campana... El animal relacionaba el estímulo externo y la comida hasta el punto que, cuando se presentaba el estímulo, el animal empezaba a salivar aunque no hubiese comida.

Así nació la teoría del reflejo condicionado. Uno de los estudios que mejor analiza el estímulo y la respuesta.

¿En qué se parecen el perro de Paulov y las promociones de ventas?

El perro de Paulov salivaba cuando se le presentaba un estímulo. Las promociones de ventas funcionan igual.

Tienes un producto. Hay demasiada competencia. Demasiado entre lo que elegir. Le asocias un estímulo. Un descuento. Un premio. Más cantidad. Más... lo que sea. Produce una reacción en tus clientes. Empiezan a salivar. Empiezan a desear tu producto.

Es un mecanismo que funciona. Le asocias un estímulo y se produce una reacción. Le asocias algo atractivo y la predisposición de tus clientes aumenta. Tus ventas aumentan.

El estímulo-respuesta actúa.

¿En qué NO se parecen el perro de Paulov y las promociones de ventas?

El perro de Paulov era consistente. Siempre que le presentabas el estímulo reaccionaba de la misma manera. Siempre que mantenías la asociación, el comportamiento del perro era el mismo. Salivaba.

Tus promociones de ventas no funcionan igual. No son consistentes.

Cuando realizas una promoción, provocas una reacción en tu mercado. Está bien. Es un efecto positivo que te hace vender más.

Es tentador. Cuando lo haces tienes una reacción positiva. Funciona. Lo haces una vez. Lo vuelves a hacer. Ésa puede ser la secuencia clásica, pero no es recomendable.

El perro de Paulov reforzaba su comportamiento. Más repetición, mayor refuerzo. Repetición del comportamiento.

Tus promociones no son así. La primera vez son atractivas. La segunda vez pueden provocar el mismo efecto. Cuando las repites una y otra vez es diferente. No funcionan igual.

Cuando las repites una y otra vez, ya no son atractivas. Dejan de estimular tus ventas. Se convierten en una característica más de tu producto. Si faltan, el producto no está completo. Si faltan, tienes más dificultades.

Todo depende

La promoción de ventas es una gran herramienta. Hay que saber utilizarla. Su objetivo es estimular las ventas. La lógica consiste en utilizarla cuando tiene sentido. En los momentos adecuados. Necesitas lanzar un producto, promociónalo. Necesitas liquidar stocks, adelante. Necesitas...

La promoción es una herramienta táctica. Te puede ayudar en momentos puntuales. Cuando la utilizas de una forma diferente, pierde su eficacia. Cuando abusas de ella, estás en otro negocio. Estás en el negocio del precio.

Al final, todo depende. Depende de lo que quieras conseguir. Si quieres impulsar tus ventas, utilízala con cuidado. Dosifícala. Si lo haces de otra forma, los resultados son distintos.

Sólo Tienes Que Contestar Una Pregunta

Alguien llama. Soy de la compañía tal... Nos estamos poniendo en contacto... En los últimos tiempos hemos... Queríamos presentarle...

La conversación puede continuar. Estamos seguros de... Nuestro interés es... Seguramente ha visto... La conversación puede continuar hasta que pare o hasta que no aguantes más.

No me hables. No me cuentes nada. No me interesa.

La atención no es gratis. Hay que ganársela. No tiene que ver con hablar. Hablar mucho no es la solución. Tiene que ver con lo que dices.

¿Quieres mi atención? Es fácil. Sólo tienes que contestar una pregunta. Es todo lo que tienes que hacer.

¿Cómo vas a ayudarme a mejorar mi vida?

Ésta es la pregunta. Mi atención por tu respuesta. ¿No tienes respuesta? ¿No es lo suficientemente buena? Entonces... no me llames. No me llames hasta que encuentres una que merezca la pena.

Pequeñas Cosas

A veces, no hay que hacer grandes cosas para conseguir grandes resultados. A veces, sólo hay que hacer cosas. Pueden ser pequeñas cosas, pero tienen que ser interesantes.

Una buena fórmula es mirar a tu alrededor. Sí, basta con echar un vistazo a todo lo que te rodea para descubrir elementos sorprendentes.

No es difícil, pero hay que saber mirar. Hay que mirar con los ojos adecuados. Con los que buscan y encuentran. Todo está ahí. Cerca. Sólo hay que ser capaz de verlo.

Ice Cream Strategy

Me gusta esta estrategia. Es simple. Entras en una heladería. Tienen un montón de sabores con nombres italianos. Todos parecen apetecibles y no terminas de decidirte. Al fin y al cabo, es una decisión.

El helado de stracciatella tiene una pinta estupenda. ¿Por qué no? Pero también tienes lampone, pistacchio,... Hay demasiados. Todos tienen un aspecto increíble y tú no sabes por cuál decidirte.

Si no tomas la decisión adecuada, habrás perdido una oportunidad. Es lo que pasa cuando te confundes. Dejas pasar cosas.

Dos posibilidades

Puede ser que te quedes un buen rato pensando hasta que tomas una decisión. Es una situación incómoda. Has asumido demasiado riesgo. Los helados tienen buena pinta, pero el sabor puede ser distinto. "Si no me gusta, ¿qué hago?". Ése es el riesgo de tu decisión.

La segunda posibilidad es distinta. Todo termina de una forma parecida, pero el proceso es diferente.

No sabes por cuál decidirte. Eso no cambia. Cambia dónde se coloca el riesgo. El dueño de la heladería te pregunta qué sabor te apetece. Le dices que estás indeciso y le señalas tres colores diferentes.

Te ofrece tres cucharitas de plástico con las tres muestras. Las pruebas. El riesgo ha pasado de ti al dueño del producto. Te facilita el proceso. Ahora, lo tienes claro y tomas una decisión sin riesgo.

Las pequeñas cosas

Las pequeñas cosas funcionan así. Como la Ice Cream Strategy. Son muy sencillas. Son intuitivas, pero sus resultados son muy potentes.

Están por todas partes. Tienes que buscarlas, tienes que encontrarlas y tienes que aplicarlas. Los resultados llegan. Siempre llegan. Ésa es la razón por la que las pequeñas cosas están siempre ahí. Porque dan resultados constantemente.

"Gratis" Es Un Pato

Dan Ariely, en su excelente libro "Predictably Irrational", narra un experimento curioso. Aprovechando la celebración de Halloween, Ariely ofrece tres bombones a los niños que le plantean el famoso "truco o trato".

Cuando les ha entregado los bombones, les propone un nuevo trato: cambiar una chocolatina pequeña de Snickers por uno de los bombones que les acaba de dar (una onza de chocolate –Snickers pequeño- por 0,16 onzas de chocolate –bombón-).

Va más allá y les plantea una segunda alternativa: cambiar una chocolatina grande de Snickers por dos de los bombones (dos onzas de chocolate por 0,32 onzas de chocolate).

Los niños son pequeños, pero no son tontos. Todos eligen la segunda opción. Es la manera de conseguir más cantidad de chocolate. Es la manera racional de actuar.

Después de esta primera experiencia, Dan Ariely introduce una novedad en el experimento. Mantiene intacta la segunda alternativa (Snickers grande por dos bombones), pero transforma ligeramente la primera: dar una chocolatina Snickers pequeña gratis (no hay que dar bombones para conseguir la chocolatina pequeña).

El resultado de esta variación es sorprendente. Todos los chavales cambian de opción. Ahora, ya no se deciden por la segunda. Ahora, prefieren la primera. Prefieren conseguir la barra pequeña de Snickers sin intercambiar nada.

¿Es racional la elección?

No, no lo parece. Si haces un pequeño cálculo, verás que con la primera alternativa del segundo experimento la cantidad de chocolate que puedes conseguir es de 3 veces 0,16 onzas más una onza adicional de la barra de Snickers pequeña (1,48 onzas de chocolate).

Pero, si optas por la segunda alternativa, la cantidad es diferente: 0,16 onzas más dos onzas adicionales de la barra de Snickers grande (2,16 onzas de chocolate).

Al final, al optar por la opción donde no tienes que intercambiar nada, el resultado es el peor de los dos posibles.

¿Por qué?

Porque es gratis. Sí, ésa es la diferencia.

En el primer experimento, el comportamiento de los niños es racional. Eligen la opción que les permite conseguir más chocolate.

Pero en el segundo experimento cambian de opción y eligen la que les deja con una cantidad menor de chocolate.

"Gratis". Sí, Gratis es la palabra. Es el único factor que se ha alterado en los dos experimentos y es el elemento que provoca el cambio de opción.

"Gratis" es una palabra poderosa

Es increíble como una palabra puede cambiar un comportamiento. Como una palabra puede hacer que dejemos de lado la lógica y empecemos a actuar irracionalmente.

La palabra "Gratis" tiene mucha fuerza. El hecho de no tener que dar nada a cambio, el hecho de que no nos cueste nada, hace que nuestra propuesta parezca más atractiva ante los ojos de nuestros clientes.

Al final, todo es coherente. Las cosas no son lo que son. Las cosas son lo que parecen. Alguien dijo que "si anda como un pato, nada como un pato y grazna como un pato, es un pato".

Qué más da si el comportamiento racional es entregar dos bombones a cambio de la barra grande de Snickers. Si la oferta que parece más atractiva es la que entrega Gratis la barra pequeña, la oferta más atractiva es la oferta Gratis. Gratis es un pato.

12 Pasos Para Vender Más

Hay buenos y malos vendedores. Los buenos vendedores venden más. Lo hacen porqué saben cómo hacerlo. Conocen la técnica.

Vender tiene un punto de arte. Todo lo tiene. Pero también tiene mucho de técnica. Cuando la conoces, vendes más. Es así. Cuando la conoces, sólo tienes que ponerla en práctica para comprobar sus resultados.

Las fórmulas pueden ser más o menos distintas, pero los elementos que manejan son siempre los mismos.

Aquí, tienes 12 elementos, 12 pasos para argumentar tu venta y convencer a tus clientes. Ésta es una estructura clásica. Perfecta para vender productos o servicios. Luego, tú, puedes hacer otras combinaciones, eliminar elementos, suavizar la intensidad,... Puedes adaptarla a tus necesidades y gustos.

Las posibilidades son muchas, pero los resultados son similares. La técnica funciona. Funciona porque trabaja con la naturaleza humana.

Los tiempos o las condiciones cambian, pero la naturaleza humana es la misma. Independientemente del momento, nos emocionan, nos enganchan, nos convencen, nos... los mismos principios básicos. La técnica te ayuda a entenderlos y utilizarlos. Aquí, tienes doce. Aprovéchalos.

1.- Despertar el Interés

Esto se consigue con un Headline (título, llamada,...) potente. Dicen que si el Headline no es atractivo, el 80% de tu público no demostrará interés y te abandonará.

Quizá "El nombre de tu servicio, dos puntos y un HEADLINE ATRACTIVO", puede ser una buena estructura. Mira lo que hacen los demás y adapta modelos que encajen con tu personalidad y tu producto o servicio.

2.- El Problema

Se empieza dejando claro cuál es el problema. Aquí, se suelen utilizar pequeñas historias que describen el problema y, sobre todo, las consecuencias que produce el mismo.

La idea es que tu público se involucre con la historia, se sienta identificado y sea absolutamente consciente de lo que le puede suponer el hecho de no solucionar el problema de forma adecuada.

De hecho, cuando las consecuencias de no resolver el problema son más negativas, la angustia de tu público es más grande y su deseo de solucionarlo es mucho mayor.

3.- La solución

Es el paso lógico. Una vez que has puesto foco en el problema, que has hecho que tu audiencia se identifique con él y que sienta la angustia de no resolverlo, te toca darles la solución. ¿Cuál? La tuya, claro.

Es el momento de introducir tu servicio y sus características. Por lo general, los que dominan esta técnica no insisten demasiado en las características específicas. Simplemente, dan un pequeño repaso al servicio (una introducción para dejar claro que tienes la solución adecuada). El resto viene después.

Es importante que comentes que tus servicios o métodos son sencillos. Asequibles a todo el mundo.

También, es importante que apuntes que los resultados los verán rápidamente (todo lo que se alarga en el tiempo pierde interés).

No hay que vender servicios o productos milagro pero tus servicios deben tener, por lo menos, estas características.

4.- ¿Por qué tú?

Hablar es fácil. Decir que puedes solucionar los problemas del mundo es sencillo, pero probarlo es otra cosa.

Aquí, puedes empezar con testimonios de tus clientes o dejarlos para un poco más tarde y, si no tienes problemas de confidencialidad, mostrar tu cartera de clientes (si hay alguna referencia interesante), premios, qué dicen de ti los medios, case studies, eventos en los que has participado,…

La idea es transmitir que eres el auténtico experto en la materia. Estás vendiendo confianza con la fuerza de la prueba y contra eso no hay nada que se resista.

5.- Beneficios

Es el turno de los beneficios. Un clásico que no siempre manejamos bien. El juego es pensar en una característica de tu producto y utilizar el beneficio concreto que esa característica aporta. Así con todas las características.

Todos sabemos que hay que hablar de beneficios en lugar de características, pero al final se nos cuelan las características por todos los sitios.

En este tema es importante recordar que los beneficios deben ser concretos. Un buen ejemplo son los programas para perder peso. Puedes hablar de tus beneficios de distintas maneras:

a.- "Si utilizas mi programa, te aseguro que perderás peso"

b- "Si asistes a mis sesiones, perderás quince kilos en tres meses sin pasar hambre ni sufrir trastornos"

La diferencia es evidente. La que funciona es la segunda. El beneficio debe ser concreto.

6.- Testimonios

Éste es un buen momento para introducir tus testimonios si no lo has hecho anteriormente. Los testimonios son una prueba magnífica de que lo que dices es cierto. Terceras partes no interesadas hablando de los resultados que han conseguido utilizando tus servicios. Es uno de los mejores argumentos de venta.

Los testimonios tienen algunas reglas que está bien conocer. Mejor en vídeo que escritos. Mejor con foto que sin foto. Mejor con nombre, cargo y compañía que sin estos datos. Mejor con número de teléfono (es la prueba definitiva) que sin él.

7.- La Oferta

Haz una oferta que no puedan resistir. Así de sencillo. Aquí te juegas el negocio. Quizá, uno de los elementos más importantes de la oferta es su sencillez.

Debe ser simple. Debe entenderse a la primera. Debe evitar ligar a la oferta una serie de condiciones que la lastren. Debe ser impactante.

8.- Bonus

Puedes incorporar a tu oferta tantos Bonus como te parezca correcto. Cuanta más azúcar en el café, más dulce.

Sólo debes tener cuidado con el café. No lo estropees. Lo que quiero decir es que no conviene abusar de esta estrategia. Las ofertas que terminan siendo un cúmulo de Bonus no son creíbles. Suenan a charlatán de feria y no encajan con la imagen de un servicio serio.

El Bonus funciona porque aumenta el valor de lo que ofreces a tus clientes. Además, te permite hacer más atractivo tu servicio sin tener que echar mano de los descuentos. No tocas precio, das más valor, resultas más atractivo y mantienes el margen.

9.- Valor

A veces (esto depende de los servicios y del público objetivo al que te dirijas) no es fácil que tu audiencia entienda el valor de lo que le estás ofreciendo. Por lo general, tenemos dificultades para cuantificar el valor. Sí, nos cuesta cuantificar el valor, pero entendemos perfectamente las comparativas de precios.

Si tu servicio y mercado te lo permite, puede tener sentido que traduzcas el valor en precio. De esta forma, pueden comparar el precio de todo lo que le estás ofreciendo con otros precios de referencia. Así, de un plumazo, entienden la gran oportunidad que tienen delante de ellos.

Por ejemplo, un libro que cuesta 15 euros podría venderse así: "Por los 15 euros de una copa que consumes en veinte minutos tienes a tu alcance la sabiduría de muchos años".

10.- Garantías

Este apartado es una máxima. Los productos y servicios buenos tienen grandes garantías. Los malos no. ¿Por qué? Porque los productos y servicios bueno son buenos. Es de Perogrullo, pero es así.

Si tienes un gran servicio, no tienes miedo de ofrecer una gran garantía. Tus clientes leen las garantías de esta manera: cuanto mayor es la garantía, más seguridad transmites y menos barreras de entrada le pones a tus clientes.

Hay una estrategia que me gusta mucho: "Risk Reversal". Es una fórmula que garantiza por encima de lo que ha pagado el cliente.

Es decir, si tu cliente ha comprado tu servicio y no queda satisfecho, no hay ningún problema. Tú le devuelves su dinero y, además, le das entradas gratis para una conferencia, un seminario, le envías un libro,....

Ésta es la expresión máxima de garantía. Estás tan convencido de tu servicio o producto que serias capaz de devolver por encima del valor del mismo. ¿Quién puede resistirse?

11.- Haz que actúen

Todos los planteamientos de venta deben terminar con un "call to action" (llamada a la acción). Hay que decirles a tus clientes que actúen, que actúen YA.

Hay que decirles qué es lo que tienen que hacer. Cómo se pueden poner en contacto contigo. Cuáles son los pasos correctos para comprar tus servicios.

Hay que hacerlo y hay que hacerlo porque hay un montón de estudios que demuestran que las ofertas que tienen un call to action superan con creces a aquéllas que no lo tienen.

El Call to action es algo tan sencillo como decir que rellenen la orden de compra o hagan click en determinado link o que rellenen determinado campo o.... Si les invitas a que actúen, actuarán. Somos así.

Aquí, una advertencia. Hazlo sin provocar rechazo. Si el perfil del cliente no encaja con este elemento o todavía no es el momento, suaviza la técnica.

12.- Recuerdo final

Recuerda a tu público lo que se perderán si no se deciden por tu oferta. Déjales claro que están a un paso de poder solucionar sus problemas. Recuérdales que es fácil hacerlo. Que los resultados se verán pronto y que el valor de tu oferta es atractivo.

A partir de ahí, es probable que tus posibles compradores desarrollen un sentimiento de culpa: "si no contrato estos servicios ahora, me culparé después por no haber aprovechado la oportunidad".

Estos 12 pasos para vender más funcionan. Seguro que hay que adaptarlo en contenido y forma a tus productos y a tu personalidad, pero la estructura es muy potente y los resultados también.

Quizá puedas estructurar tu fórmula de venta de una forma parecida. Es cuestión de encajar tu idea dentro de este traje, suavizar el tono si es demasiado agresivo y eliminar e incorporar elementos en función de tu estilo.

Si lo consigues, estarás utilizando la técnica. La técnica de los buenos vendedores. La que te hará vender más.

CAPÍTULO 8
TÉCNICAS

"El mecánico que quiere perfeccionar su trabajo primero tiene que preparar sus herramientas."

-Confucio-

Las Piñatas y las Ventas

Seguro que has jugado alguna vez. Es algo típico en todos los cumpleaños. Los chavales disfrutan como locos.

Llenas una piñata de caramelos o pequeños regalos. La cuelgas de una cuerda. Los niños, por turnos, intentan reventarla. Cuando alguno lo consigue, todos se tiran a por los caramelos. Es sencillo y se lo pasan bien.

El juego tiene pocas reglas. Una de ellas es que se le vendan los ojos al que tiene el turno. Al que intenta romper la piñata. Además, se le dan unas cuantas vueltas para que pierda la orientación. Para que no tenga puntos de referencia. Luego, se le da el palo y a pegar.

En eso consiste el juego. En intuir dónde está la piñata y pegarle hasta hacerla saltar por los aires. Cada chaval tiene su técnica. Algunas funcionan mejor que otras.

Palos y Palos

Es todo un clásico. Es la técnica que utiliza la mayoría. Les vendas los ojos. Un par de vueltas y a pegar. A pegar a diestro y siniestro. A pegar en todas direcciones.

La idea es dar muchos golpes. Cuantos más mejor. Hay una especie de regla. Cuantos más golpes lanzas, más probabilidades tienes. Más fácil es darle a la piñata.

Es una regla extraña. No funciona siempre. Lanzas y lanzas palos, pero la piñata sigue igual. Intacta.

Las Piñatas y las Ventas

Las piñatas y las ventas se parecen mucho. Cuando bajan las ventas, se disparan las alarmas. Hay que hacer algo.

Llamas al director comercial. ¿Qué pasa? ¿Qué está ocurriendo? ¿Por qué nos estamos cayendo? Hay que hacer más cosas.

Más visitas a clientes. Más catálogos al buzón. Más argumentos de venta. Más llamadas a potenciales. Más presencia en ferias. Más publicidad en revistas. Más... Más... Más... Más de todo en general. MÁS PALOS.

Más es una gran palabra, pero puede ser agotadora. Más palos cansan. Especialmente, cuando no sabes dónde está la piñata.

Hay otras Técnicas

No todos los niños lo hacen igual. Algunos se salen de la norma. Utilizan otros métodos.

Algunos no pegan golpes. Bueno, los pegan en otro momento. Primero levantan el palo. Están desorientados. No saben dónde están. Levantan el palo y lo mueven de arriba abajo.

Buscan la cuerda. La que sostiene la piñata. No la encuentran. Giran un poco y repiten el movimiento. Giran un poco más y lo repiten de nuevo. Así, hasta encontrar la cuerda.

Ya tienen la dirección. Sólo les falta el sentido. Sólo les falta recorrer la cuerda con el palo en un sentido o en otro hasta que encuentran la piñata.

Cuando lo hacen, golpean. Saben dónde está. Golpean con fuerza. Por lo general, rompen la piñata.

¿Hacer Más Cosas o Hacer Otras Cosas?

Hacer más cosas está bien. Puedes acertar. ¿Por qué no? La cantidad puede funcionar, pero no tiene porqué ser suficiente.

Cuando bajan las ventas, miras a tu departamento de ventas. Claro, ¿dónde vas a mirar? Tiene sentido. Tienes que asegurarte de que todo funciona. De que todo está en orden.

¿Algo falla? Perfecto. Es el momento del más. Más planificación. Más intensidad. Más incentivos. Más... lo que sea. Estás donde estás. Estás bien. Sólo faltan más cosas. ¡Hazlas!

Cuando las cosas están en orden, es diferente. No hay que hacer más. Hay que hacer otras cosas.

Es el momento de buscar la piñata. De saber dónde está. Es el momento de saber si te diriges al público correcto. Si ha cambiado o no. Si siguen siendo los mismos. Si...

Es el momento de saber si tus productos son los correctos. Si son los adecuados para tu público. Si no se han quedado obsoletos. Si no hay una competencia nueva y más poderosa que ocupa tu lugar. Si...

Hay veces que para romper la piñata no tienes que dar más palos que los demás. Basta con saber dónde está.

¡Más Marketing, Por Favor!

"Antes, te venían a buscar a casa; ahora, tienes que salir a buscarlos". Esta es una de las frases que pronunciaba un empresario en uno de los innumerables programas de debate que todas las noches llenan las pantallas de nuestros televisores.

¿Qué te parece? Este tipo de frases me sugiere muchas reflexiones, pero, quizá, la primera que me viene a la cabeza es la siguiente: ¿qué tipo de empresarios tenemos que, ahora, les parece sorprendente el hecho de tener que salir a buscar clientes? Como si eso fuese algo excepcional.

Pues no, amigo, eso no es excepcional, de hecho, es lo normal y razonable. Los clientes son la sangre de tu compañía. Lo absolutamente excepcional es que no hayas tenido que salir antes a buscarlos, es más, lo absolutamente excepcional es que no hayas tenido que cerrar tu compañía por no haber salido a buscar clientes. Sin clientes no hay negocio. Podemos disfrazarlo como queramos, pero la realidad es esa: sin clientes no hay negocio.

Si tus clientes llaman a tu puerta, fantástico. Aprovéchalo. Seguramente, estás viviendo un momento mágico. Por el momento, la falta de competencia y el crecimiento de la demanda son tan evidentes que hacen que el negocio te caiga del cielo. Disfrútalo mientras puedas, pero no te dejes cegar por este tipo de coyunturas favorables. Las cosas cambian rápidamente y mañana se puede complicar todo. Después, lamentarás no haber salido a buscar más clientes cuando el viento soplaba a favor y podías hacerlo de una forma planificada y sin una presión agobiante.

Si hubieses hecho los deberes cuando tocaba, tu base de clientes sería más grande y, sin duda, habrías facturado más. Sí, habrías generado más ingresos. No está mal como preparación para una situación difícil.

En cualquier caso, esta forma de pensar de muchos de nuestros emprendedores me ha hecho recordar una entrevista de radio que escuché hace algún tiempo. Una cadena americana entrevistaba a "Eben Pagan" (uno de los nuevos Gurús mundiales de Internet). Aunque la entrevista se centraba en el negocio de Eben (crea productos de información – ebooks, seminarios, programas, webinars,...- que vende a través de Internet) muchas de las cosas que comentó tenían tanto sentido a nivel general y las explicó con tanta claridad que merece la pena que le echemos un vistazo de nuevo.

Eben afirma que una de las principales transformaciones que debe afrontar todo emprendedor para adaptarse a los nuevos tiempos pasa por cambiar la mentalidad de experto a marketer (especialista en marketing). De hecho, plantea algunas ideas para justificar esta propuesta que pueden ser realmente interesantes.

1.- Según Eben, los expertos piensan que el mundo tiene que llamar a sus puertas (han realizado tal nivel de esfuerzo y saben tanto que todos deberían estar ansiosos por escucharles), mientras que los marketers saben que, como no vayas a buscarlos, es muy probable que no se presente nadie en la fiesta.

2.- Los expertos no asumen la responsabilidad de las ventas cuando las cosas no van bien (eso es cosa de otros: distribución, comunicación,...). Los marketers entienden que es su responsabilidad ineludible conseguir que la gente compre sus productos y por eso se involucran en todo lo que tiene que ver con ellos.

3.- La clave no está en convencer a tus clientes para que compren tu producto. La clave está en el marketing, en entender cuál es la necesidad no cubierta de un mercado específico y crear un producto o servicio que la cubra. Si lo consigues, no tienes que vender porque el producto se vende sólo.

4.- Los expertos piensan que los compradores tienen que conocer el valor de las cosas cuando las ven. Los marketers saben que tienen que educar a los clientes en el valor de las cosas.

5.- Muchos expertos piensan que cuando han alcanzado un determinado nivel pueden permitirse el lujo de hablar de lo que quieran. Los marketers solo le dan importancia al "¿Qué hay de lo mío?" (en inglés: What is in it for me? –WIIIFM) que preguntan constantemente los clientes.

6.- Los expertos tienen una confianza ciega en sus productos y no entienden que la forma de promocionarlos sea algo que marque la diferencia (un anuncio en lugar otro,...). Los marketers sólo creen en los resultados y testan todos los aspectos de su oferta para ver cuál da mejor resultado e implementarlo de una forma consistente.

Los puntos que propone Eben son lógicos y absolutamente intuitivos, pero lo cierto es que muchos emprendedores, todavía, están lejos de convertirse en marketers.

Como conclusión, te puedo decir que suscribo al 100% todos los comentarios de Eben Pagan. Si quieres tener éxito en tu negocio, independientemente de a qué te dediques, harás bien en seguir los consejos de Eben y dar el salto de experto a marketer. En caso contrario, te arriesgas a que las cosas se den la vuelta y te obliguen, no a salir a buscar a clientes (como apuntaba el emprendedor con el que empezaba este post), sino a cerrar directamente tu Negocio. Ante esta posibilidad, pediría siempre: ¡Más Marketing, por favor!

¡Ah! Si tienes la oportunidad, escucha a Eben. Es una fuente de inspiración constante.

Las Mejores Ventas No Se Cierran Nunca

Cierre de alta presión, cierre del perrito, cierre de la novia, cierre envolvente, cierre del avión, cierre del ahorro, cierre del... Si has estado un tiempo en ventas o has tenido relación con algún departamento comercial, es probable que hayas oído estas expresiones.

El cierre es uno de los grandes mantras de la venta. El momento final. El momento para el que te has estado preparando. El momento en el que se concreta todo.

La técnica en general ayuda. Es una herramienta que te permite conseguir resultados. Hacer mejor lo que hacías para conseguir más de lo que conseguías. Aquí no hay problemas.

Los problemas empiezan cuando la técnica olvida el porqué de las cosas. Tengo la sensación de que estas técnicas lo hacen. Estás técnicas de venta se centran por encima de todo en el cierre. Por encima del cliente, por encima de ti. Por encima de todo.

No me gusta. Creo que en ocasiones manipulan. Que en ocasiones no respetan la relación con el cliente. ¿Consiguen el cierre? Es probable que sí. ¿De forma consistente? No lo sé.

Cuando vendes algo estás en medio de una relación. El objetivo no es colocar. El objetivo es ayudar. Hay otras formas de vender. A mí me gustan más. Son más razonables. También, creo que son más rentables.

Tu producto no es importante

Si crees que tu producto es el centro de todo, estás confundido. Tu producto es la excusa. No basta con hablar de sus características, de sus funcionalidades. ¿Hay que conocerlas? Sí. ¿Hay que comentarlas? Por supuesto, pero no son el centro de tu negocio.

El centro de todo es cómo puedes mejorar la vida de tus clientes con tus productos. ¿Les ayuda a ahorrar? ¿Les ayuda a hacer alguna cosa mejor? ¿Les hace ganar dinero? ¿Sí? Ése es un buen comienzo. Esa es la razón por la que comprarán.

No confundas el objetivo de la venta

Sólo tienes que preguntar a un comercial. ¿Cuál es el objetivo de la venta? EL CIERRE. En un 100% de ocasiones te responderán que el objetivo de la venta es el cierre. Así es. Así ha sido siempre y muchos piensan que seguirá siendo así.

No es correcto. No es correcto al 100%. Si tu negocio es honesto, si tu negocio quiere seguir facturando en el futuro, el objetivo de la venta es la confianza. Así es. No hay otra forma de hacerlo.

Levanta la cabeza y mira

La venta tradicional pone el foco en el cierre. La nueva venta va mucho más allá. Para la nueva venta, la relación es una inversión. Si es acertada y se gestiona correctamente, dará dividendos ahora, mañana y pasado mañana. ¿Por qué conformarse con un cierre cuando puedes tener unos rendimientos continuos?

Levanta la cabeza y mira. Mira mucho más allá del cierre. Céntrate en tu cliente, en sus necesidades y en la relación. Si quieres vender más, olvídate de técnicas dudosas y prácticas artificiales. Recuerda que las mejores ventas no se cierran nunca. Las mejores ventas son las que abren relaciones y las mantienen abiertas tanto tiempo como es posible.

¿Postre o Café?

Es sencillo. Por lo general, la decisión siempre es café. ¿Por qué? Bueno, es el final. Llegas más saturado.

La dinámica siempre es parecida. Primer plato, segundo. Comes sin demasiada preocupación. Sin demasiadas reservas. Cuando llega el momento del postre, tienes que decidir. No queda hueco. No apetece. Mejor café.

El proceso se repite

Sí, se suele repetir una y otra vez. Siempre es más o menos parecido. Tiene su lógica. No hay demasiada excitación. No reservas fuerzas para el final porque no merece la pena. Te faltan razones para hacerlo.

En definitiva, se trata de un postre. Algún nombre más o menos clásico en una carta y poco más. No es suficientemente atractivo como para decidirte. Necesitas más seducción.

Otras formas de hacerlo

Siempre hay más enfoques. Otras formas de hacerlo. Hay restaurantes que lo saben. Saben que, si esperas al final, tendrás problemas. Las probabilidades de servir postre van disminuyendo según se acerca el final. Suena raro, pero es así.

¿Entonces...? Entonces, hay que hacer algo diferente. Hay que adelantarlo todo. Hay que cambiar los tiempos.

No basta con una carta al principio. Tiene que haber algo más. Algo que dispare la necesidad de tus clientes. Que les haga desear ese postre al final de la comida.

Puedes hacerlo de muchas maneras. Una de las que mejor funciona es mostrar lo que estás ofreciendo.

Los que lo saben lo hacen. Montan sus carritos con sus mejores postres y se los muestran a sus clientes. Componen un conjunto atractivo y les ayudan a decidir.

¿Cuándo? Cuando están decidiendo. Al principio de todo. Cuando les entregan la carta. Ése es el momento. Ahí están decidiendo, planificando, pensando si merece la pena o no reservarse para el final. ¡Dale motivos para hacerlo!

Las cosas tienen su tiempo

Todo tiene su tiempo. Tus productos o servicios también lo tienen. ¿Al principio? ¿Al final? No lo sé. Cada sector es distinto. Cada producto es diferente. Puede ser antes o después, pero siempre tienen su tiempo.

Tu trabajo es descubrirlo. Estudiar a tus clientes. Entender cuándo tienes que ofrecer tus productos. Saber en qué momento están más receptivos.

Cuando encuentras el momento adecuado, las posibilidades de éxito se disparan. Aumentan exponencialmente. Luego puedes seguir ofreciendo tu producto. Tienes que hacerlo, pero las probabilidades son mucho menores.

¿Qué Preguntas Tienes?

Los vendedores suelen tener argumentos. Trabajan las distintas situaciones y confeccionan argumentos. Argumentos para cada una de ellas. Es la forma tradicional de vender. Con argumentos.

En este modelo, los vendedores que tienen más argumentos tienen más posibilidades. Es una relación directa. Argumentos, éxito.

Hay otras formas de vender. Hay vendedores que tienen preguntas. Preguntas inteligentes. Ellos saben dónde quieren llegar y utilizan las preguntas para conseguirlo. Ellos ponen las preguntas. Sus clientes ponen los argumentos.

El gran secreto de las preguntas

El gran secreto de las preguntas es que necesitan respuestas. Nuestro cerebro funciona de esa manera.

Cuando hacemos una pregunta, dejamos una parte de la ecuación abierta. Tu interlocutor tiende a cerrarla. Necesita hacerlo.

Tenemos la necesidad psicológica de cerrar la pregunta con una respuesta. Si no lo hacemos no estamos cómodos. Es como si quedase algo pendiente. Algo que tenemos que solucionar.

La mejor manera de encontrar cosas

Las preguntas son una herramienta muy potente. Te ayudan a dirigir. Si las sabes utilizar, te pueden llevar a cualquier sitio.

Lanzas una pregunta en una dirección. ¿Es la dirección correcta? Bien. ¿No? Lanzas otra pregunta y corriges el tiro. Ése es el mecanismo.

Las preguntas te van despejando el camino y te indican el destino final.

También te dicen cómo

Todo está en tus clientes. Ellos lo saben todo. Al menos, todo lo que te interesa.

Las preguntas te pueden ayudar. Tienes que utilizarlas. Tienes que saber que no todas las preguntas son iguales. Unas te ayudan más que otras.

¿Qué información necesitas? Plantea la pregunta. Hazlo de una manera abierta. Utiliza el qué, cómo, porqué. Puedes utilizar otras fórmulas, pero no tienen tanto recorrido.

Ahora, sólo tienes que escuchar. Escucha todo lo que te dicen. Ahí está todo. La información que necesitas y las pistas para la siguiente pregunta.

Puedes hablar o puedes preguntar. Los que hablan llenan su ego. Los que preguntan llenan su bolsillo.

Tom Sawyer, el Mejor Vendedor del Mundo

"Las aventuras de Tom Sawyer" es uno de los libros más leídos de la literatura universal. Todo el mundo lo conoce. Mark Twain cuenta las aventuras de un niño en el sur de Estados Unidos.

Tom Sawyer vive con su tía Polly en un pequeño pueblo a las orillas del Mississippi. El libro es el relato de la vida del pueblo y las travesuras de Tom.

En una de estas travesuras, la tía Polly castiga a Tom a pintar la valla del jardín. Ben ve a su amigo Tom y le pregunta qué hace pintando un sábado.

El ángulo correcto lo hace más fácil

Tom contesta a Ben que está encantado. Que pintar la valla es un juego muy divertido. Que si sabe cómo hacerlo, lo puede pasar genial. Le muestra cómo.

Las palabras de Tom convencen a Ben. Parece divertido. ¿Por qué no? ¿Por qué no pintar la valla con Tom? Le pide permiso y se pone a pintar la valla con su amigo. Ya son dos pintando. Menos trabajo para Tom. Más diversión para los dos.

Todo depende del ángulo. Siempre depende del ángulo desde el que analizas las cosas. Hay miles de ángulos. Unos mejores que otros. Tienes que dar con el adecuado. Con el que vende los aspectos positivos. Con el que ayudas a la gente.

¿Estás aburrido? Aquí tienes un magnífico juego para entretenerte. Pinta la valla. Es divertido. Es increíble.

Funciona mejor con la fuerza de la prueba

Van apareciendo algunos amigos más. Todos se quedan sorprendidos al verles trabajar. Tom les cuenta a todos lo mismo. Es un juego. Se lo están pasando bien. Le pueden preguntar a Ben. Está pintando como un loco.

Es un buen argumento. Parece un juego divertido. A Ben le gusta. Ben es la prueba. Es la prueba de que el juego es divertido y merece la pena. Si a Ben le gusta, seguro que es interesante. Nos puede gustar a todos.

La fuerza de la prueba tiene un poder increíble. Demuestra que hay interés por "algo" y que ese "algo" funciona.

El interés de los demás es como un imán gigantesco. Cuanto más interés demuestran los demás, más interés tiene para el resto. Al principio nadie quiere estar. Después están unos pocos. Al final, no hay sitio suficiente para todos los que quieren estar. Ésa es la fuerza de la prueba. La fuerza del interés.

Las cosas valen lo que valen

La valla de Tom se ha hecho popular. La demanda es alta. Si quieres pintar la valla, está bien, pero tienes que dar algo a cambio. Una manzana, un..., lo que sea. Ése es el precio por pasarlo bien. Ése es el precio por pintar.

Las cosas tienen valor. Las cosas valen lo que valen. Tom Sawyer lo sabe. Si no cobras por ellas, les estás arrancando el valor. Las estás dejando desnudas. Tu mercado lo ve y actúa en consecuencia.

¿Gratis? Claro que puedes dar cosas gratis. Claro que puedes hacerlo siempre que tenga sentido. Siempre que forme parte de una estrategia. Si la estrategia es buena y GRATIS encaja bien, puede darte buenos resultados. Si no lo tienes claro, no lo hagas.

Al final de la historia, Tom termina de pintar la valla mucho antes de lo previsto. Ha pasado un buen rato con sus amigos. Además, se ha hecho con un pequeño botín. Eso es vender.

Estas 7 Palabras Van a Aumentar tus Ventas

Vender no es fácil. Todos queremos vender. Somos demasiados. Hay demasiada competencia. Si quieres vender más, tienes que hacerlo mejor. No hay muchas más alternativas.

Una de las armas más potentes para impulsar tus ventas es tu comunicación. Sí, si no hay una gran necesidad, tus ventas serán insignificantes. Sí, si no tienes un gran producto, no podrás plantar cara a tu competencia. Sí, todo eso es cierto, pero a igualdad de condiciones, tu comunicación es definitiva.

Las cosas son así. Al final, tienes que hablar de tu producto. Tienes que presentarlo. Quien lo presenta mejor gana.

La comunicación es una mezcla de ciencia y arte. Hay principios que aplican constantemente. Luego hay que saber combinarlos. Ahí está el arte, en saber qué combinar con qué y en qué momento.

En este juego, las palabras tienen un papel protagonista. Las palabras construyen las ideas. Cuanto más atractivas son, más probabilidades tienes de vender algo. Más probabilidades tienes de que elijan tu producto en lugar del de la competencia.

Las palabras son fundamentales, pero no todas las palabras funcionan igual. Hay algunas que funcionan mucho mejor que otras.

1.- "Gratis"

Es la gran palabra. La palabra por excelencia. Se realizan más de 300 millones de búsquedas mensuales en Internet de la palabra "Gratis". Tiene una especie de poder hipnótico. Te engancha rápidamente.

Es una gran palabra, pero es una palabra peligrosa. Utilízala para introducir tu producto, para mostrarlo. Aprovecha su fuerza, pero asegúrate de tener más cosas. Cosas que puedas colocar detrás. Cosas que te permitan generar negocio.

2.- "Nuevo"

Es otra gran palabra. Consumes información constantemente. Lees los periódicos para buscar noticias. Tienes una tendencia natural hacia lo que es nuevo. Te interesa lo que pasa a tu alrededor. Nuevo es noticia. Es interesante.

Cuando utilizas la palabra nuevo para hablar de tu producto, estás aprovechando esta idea. Les estás diciendo a todos que tu producto es nuevo. Que tu producto es noticia. Que tu producto es interesante.

3.- "Por fin"

La expresión "Por fin" anuncia a tu audiencia que algo ha llegado a su conclusión. "Por fin se acabaron tus problemas. Mi Producto te ayudará a...".

"Por fin" es sinónimo de solución. Los productos que utilizan la expresión "Por fin" son productos que aportan soluciones. Que te mejoran la vida. Todos queremos ese tipo de productos.

4.- "Cómo"

Tiene mucho que ver con la expresión anterior, pero su enfoque es algo diferente. El conocimiento está en la base de lo que hacemos. Cuando sabemos "Cómo" hacer algo, lo hacemos. Cuando nos falta el conocimiento, buscamos el "Cómo".

Es una palabra fantástica para vender información. "Cómo escribir un best-seller en un mes". "Cómo aprender a presentar delante de grandes audiencias sin demasiado esfuerzo". "Cómo...".

5.- "Atención"

Es la voz de alerta. Se da cuando hay algo que merece la pena. Algo que no te puedes perder. "Atención... (redoble de tambores e introduces tu producto).

Funciona por la sencillez del mecanismo. Tenemos un dispositivo mental que se activa cuando alguien nos reclama. Es un acto reflejo. ¡Atención...! y el mecanismo se dispara automáticamente. Luego juzgas. Sí, pero después de haber cedido tu atención.

6.- "Ya"

Cuando quieres introducir el sentido de urgencia, hay que utilizar esta palabra. "Ya" transmite inmediatez. No hay que esperar. Es ahora. Lo quieres, lo tienes.

Sólo depende de tu decisión. La solución YA está a tu alcance. Si quieres, es tuya. "YA no tendrás que preocuparte más por las.... Con Mi Producto...". "YA ha llegado. Ya está aquí la nueva solución para..."

7.- "Si tú"

No hay nada mejor que dirigirse directamente a tu cliente. "Si tú" es una expresión que tiene unas características increíbles. Dirige tu argumento a tu cliente y el condicional elimina a todos los que no están interesados. Personaliza y define.

"Si tú tienes..., debes utilizar...". Claro que debes hacerlo. Si tú tienes la necesidad de..., cómo vas a negarte a comprar... que soluciona... Si lo hicieses, estarías loco. Quieres productos o servicios que solucionen tus problemas concretos. Si los encuentras, los compras. Así de fácil.

Tus palabras son el motor de tus ventas. Muchos de tus problemas se deben a una mala comunicación. Es probable que no hayas encontrado las palabras adecuadas. Que no las hayas utilizado correctamente. Es probable que tus palabras no hayan sido capaces de ganarse la atención de tus clientes.

Las palabras no van a cambiar el tamaño de tu mercado. Tampoco van a mejorar la calidad de tu producto. Eso es otra historia. Hay que trabajarlo de una manera diferente.

Pero las palabras adecuadas van a aumentar tus ventas. Te van a ayudar a conseguir más. Eso es lo que queremos todos. Para eso sirven las palabras.

¡Aprende a Conectar!

¿Qué haces la primera vez que coincides con alguien? Los primeros minutos suelen ser determinantes. Esa primera impresión puede condicionar toda la relación posterior.

Esto puede resultar más evidente, incluso, en las reuniones de negocios. ¿Qué es lo primero que haces? ¿Cómo te comportas?

Hazlo adecuadamente y te estarás moviendo en la dirección correcta.

Recuerdo una de mis primeras reuniones de ventas. Acababa de incorporarme y acompañaba al Director General y al Director de Equipo en una reunión con un cliente importante.

El Director de Equipo llevaba tiempo trabajando con este cliente y lo conocía perfectamente, pero mi Director General era la primera vez que se reunía con ellos.

Nos hicieron pasar a un despacho. El típico despacho de directivo. Sólo había algo que resultaba curioso: un montón de fotografías de gente jugando al tenis.

Después de los saludos típicos, mi Director General miró a nuestro anfitrión y le dijo: "Veo que te gusta jugar al tenis". A partir de ahí, la siguiente conversación:

Anfitrión: ¡Oh, sí! Juego de vez en cuando.

D.G.: Es uno de mis deportes favoritos.

Anfitrión: ¿Sí?

D.G.: Sí, juego siempre que puedo. ¿Dónde juegas tú?

La situación continuó durante unos cinco minutos. Podías notar como se diluía la tensión según avanzaba la conversación. Poco a poco todos participamos. La verdad es que me pareció una manera sencilla y efectiva de empezar la reunión.

Hay todo tipo de teorías al respecto. Muchos dicen que las reuniones profesionales hay que mantenerlas siempre en el contexto profesional.

Puedes pensar lo que quieras. Yo tengo claro que los negocios se hacen entre personas y que este tipo de "pequeñas charlas personales" son un instrumento fantástico. Ayudan a romper el hielo y humanizan las relaciones. ¿No somos personas?

Mi D.G. era un auténtico crack. Él podía sacar un motivo de conversación de la nada, llevarlo con elegancia y resultar encantador. Si eres como él, fantástico, no tendrás problemas. Si no tienes esas dotes innatas, no pasa nada. Sólo tienes que prepararte un poco más.

Para conseguir establecer un buen rapport (así es como se suele denominar) rápidamente puedes utilizar alguna de estas técnicas:

1.- Elementos de la otra persona. Este es el caso que te acabo de comentar. Mi D.G. vio las fotografías de gente jugando al tenis y lo utilizó para iniciar una conversación. Puede ser cualquier cosa. Desarrolla tu capacidad de observación. Fíjate en los detalles y aprovecha el que más juego te dé.

2.- Una noticia. Tienes que estar informado. Lee la prensa, busca en Google,... Hazlo como te parezca más oportuno, pero encuentra una noticia que tenga que ver con tu cliente. Es una de las mejores fórmulas que puedes utilizar para establecer rapport: "¿Cómo os puede afectar el cambio en...?"

3.- Un amigo en común. Aquí, tienes que trabajar con un poco de antelación y comprobar si compartís amistades. ¿Te parece complicado? Te aseguro que no lo es. Te sorprenderás cuando hagas el ejercicio y empiecen a aparecer amigos como champiñones.

4.- Una experiencia en común. Quizá asistís a las mismas ferias o habéis visitado los mismos países o habéis trabajado en el mismo sector en el pasado. Cualquier experiencia compartida te ayuda a conectar inmediatamente.

Esta técnica funciona. Te permitirá acercarte a la otra parte y manejar un tono distinto.

Sólo debes preocuparte por una cosa: hazlo breve. La gente está muy ocupada. Si logras que este tipo de introducción dure entre 5 y 10 minutos, lo has conseguido. Si lo superas, entras en el terreno de la pérdida de tiempo.

¿Quieres mejorar tus relaciones? Ya sabes… aprende a conectar.

La Fuerza De Un Nombre

¿Cómo dices que te llamas? ¡Ah, perfecto! Es un nombre bonito. Si es lo suficientemente distinto, es probable que lo recuerde unos cuantos días más. Si no es así… ¡Adiós!

Ésa es la manera. Funcionamos más o menos así. Conocemos a alguien, probamos un nuevo producto, leemos algo sobre… Hay un nombre. Es la fórmula para relacionar cosas. Para recordarlas y reconocerlas.

Cuando los nombres se recuerdan, todo se hace más fácil. Si no hay un nombre, quizá no merezca la pena recordar más.

Un negocio de décadas

Reuben Mattus creció ayudando a su madre en el negocio familiar. Era el encargado de conducir un carro tirado por un caballo en el Bronx. Desde allí vendía los helados que su madre fabricaba.

A lo largo de los años, Mattus desarrolló su pasión por la calidad. ¿Su idea? Fabricar un helado con las mejores materias primas. Un Helado de primera calidad. El mejor.

El negocio evolucionó más o menos durante los años ´30, ´40 y la década de los ´50.

En 1959, las cosas empezaron a ir peor. Las ventas flojearon y la compañía pasó por malos momentos. Había que hacer algo.

Una gran idea

Los helados eran buenos. Los sabores eran fantásticos. Cremosos. Ningún helado era tan cremoso. Todo estaba en su sitio. Todo... excepto los clientes. Eran pocos. Necesitaban más.

Mattus tuvo una gran idea. No tenía nada que ver con el producto. El producto era bueno. Utilizaban las mejores materias primas. Era cremoso. No, no era cuestión del producto.

Era el marketing. La forma en la que presentaban el producto. El producto era bueno, pero su nombre no. Un helado bueno con nombre malo es igual a un helado más. Ahí podía estar la solución.

Mattus decidió cambiarle el nombre al producto.

¿Qué hay en un nombre?

Muchas cosas. Una de ellas es un negocio. Mattus cambió el nombre de sus helados. Los llamó "Häagen-Dazs". Cambió el nombre de sus helados y ahí cambió el rumbo de su negocio.

El producto era bueno, pero no vendía demasiado. Ahora, el producto era el mismo, pero era distinto. Era distinto porque tenía un nombre distinto. Más atractivo. Más memorable. Más raro.

¿Los clientes? Bueno, los clientes llegaron. Compraron. Enloquecieron. Sencillamente, querían más. Más cantidad de ese helado con nombre raro.

El nombre

¿Qué significa Häagen-Dazs? No significa nada. No es el nombre de nada. No hace referencia a nada. Sólo es un nombre inventado que suena exótico. Un nombre que recuerda algo nórdico.

¿Por qué? Por eso. Porque es exótico. Porque recuerda a algo europeo. Tradicional, artesano. Algo distinto e interesante.

Un nombre fue suficiente. El producto lo tenía. Era bueno. No fallaba. Fallaba la forma de conectar. La manera de despertar el interés de la gente. Le cambio el nombre. Lo hizo memorable y solucionó el problema.

Los nombres tienen esa fuerza. Una fuerza increíble. Cuando el nombre de tu producto es vulgar, tus productos son vulgares. Cuando son distintos, cuando enganchan, tus productos pueden ser tan buenos como los de Häagen-Dazs.

El Mejor Momento Para Hablar Con Tus Clientes

La gran mayoría lo deja pasar o simplemente lo olvida. Realizan el esfuerzo. Mueven a sus clientes. Les colocan sus productos y luego...

Luego no pasan demasiadas cosas. Esperan hasta la próxima ocasión. Quizá algún contacto esporádico. Algún email. Algún "algo" poco meditado y nada más. Dejan pasar las oportunidades.

Siempre es un gran momento para hablar con tus clientes, pero hay momentos especiales. Probablemente, el mejor momento para hacerlo es el momento que sigue a una venta.

Las cosas no son iguales antes y después

En 1956, Jack Brehm pidió a 225 compradoras que organizasen en función de sus gustos una serie de aparatos domésticos. Después de hacerlo, les dio la posibilidad de elegir entre dos aparatos que habían clasificado como igualmente atractivos.

Veinte minutos después de haber elegido el aparato, se les volvía a pedir que rankeasen una vez más los mismos aparatos domésticos.

Los resultados fueron distintos. El aparato que cada una de las 225 compradoras había elegido salía favorecido en el nuevo ranking. En esta ocasión, estos aparatos aparecían mucho más arriba en las preferencias de las compradoras.

La teoría de la Disonancia

El experimento de Jack Brehm es uno de los muchos experimentos que se han realizado para probar el principio de Disonancia.

El enunciado de este principio dice algo así: una vez que hemos tomado una decisión, puede aparecer la sensación de error. En ese momento, ajustamos todas nuestras percepciones para reducir esa sensación y reafirmar la lógica de nuestra decisión.

Lo hacemos de tal forma que, después de haber tomado la decisión, nuestro compromiso con ella y seguridad es mucho mayor que antes de tomarla.

Cuándo hablar con tus clientes

Es lógico pensar que tiene sentido hablar con tus clientes cuando están más receptivos. ¿Cuándo están más receptivos? Después de haber comprado tus productos o servicios.

¿Por qué? Porque es el momento en el que actúa el principio de Disonancia. Es el momento en el que tus clientes están justificando su decisión. A partir de ahí, estarán más convencidos que nunca de lo que acaban de hacer.

Ése es el momento perfecto. Están reafirmándose en la decisión que han tomado. Si te comunicas con ellos, si les envías una nota de agradecimiento, si les haces una llamada, estás actuando en la misma dirección. Les estás ayudando a darle sentido a su decisión.

Es ahí, en el momento de construir el vínculo, cuando cualquier contacto con tu cliente tiene un valor doble. Es ahí, dónde se construyen las relaciones más largas y rentables.

CAPÍTULO 9
NEGOCIACIÓN

"El mejor movimiento que puedes hacer en una negociación es pensar en un incentivo que la otra parte no ha considerado."

-Eli Broad-

El Factor Más Importante

El ejercicio es el siguiente. Tienes un papel con el dibujo de una pirámide. La pirámide de negociación. Hay distintos niveles dentro de la pirámide. Al lado, una serie de conceptos: capacitación, cargo, información, tiempo,...

Sólo tienes que colocar los conceptos dentro de la pirámide. El elemento más importante en una negociación lo colocas en la base de la pirámide. El siguiente en importancia encima de él. Así sucesivamente hasta completar la pirámide.

La idea es sencilla. Asociar imagen y elementos. Entender la importancia de cada uno de ellos según su posición en la pirámide. Hacer que la imagen se quede grabada.

Los resultados

Es un ejercicio que he repetido cientos de veces con clientes, con alumnos,... Es un ejercicio curioso. Casi siempre arroja el mismo resultado. El elemento más importante, el que colocan en la base de la pirámide, es "la información".

Es un resultado lógico, la información es necesaria. Si no tienes información, no sabes cómo moverte. No sabes cómo se moverá el otro negociador. No sabes casi nada. Ésa es la ventaja de la información. Te da claridad.

La información no es suficiente

Sí, es un resultado lógico, pero no es el mejor. La información es importante. Es importante para casi todo. Sin información todo es más difícil, pero estamos negociando y la negociación es diferente.

Si quieres negociar, necesitas alternativas. Las alternativas son la gasolina de la negociación. ¿Tienes alternativas? Perfecto.

Puedes negociar. Puedes dirigir. Puedes hacer cosas. ¿Por qué? Porque puedes elegir.

Ésa es la razón. Puedes decidir esto o lo otro. Ahí está el poder de la negociación. En tener más opciones. En poder moverte entre ellas. ¿La información? Sí, es importante, pero no te servirá de mucho cuando no hay nada que negociar.

El primer paso

El primer paso siempre es el mismo. Negociar es el arte de encontrar alternativas. Eso es lo que tienes que hacer. Busca alternativas. Busca alternativas potentes a lo que estás negociando.

Cuando las encuentres, hazlas visibles. Que todos sepan que existen. Que están ahí. Que puedes echar mano de ellas si las necesitas.

Las alternativas hay que colocarlas en la base de la pirámide de negociación. Ése es el sitio correcto. Primero, las alternativas. Luego, la información para sacarle el máximo partido a las alternativas.

¿Hay Que Hacer La Primera Oferta?

Es un tema que preocupa a todos los que tienen que negociar. Estás en medio de una reunión. La situación es complicada. No tienes demasiada información. ¿Qué tienes que hacer?

¿Debes proponer un precio y unas condiciones o debes esperar a que lo haga la otra parte?

Hay un montón de teorías. Una de las más tradicionales dice que es mejor no decir nada. Es mejor esperar a que la otra parte haga su propuesta.

¿Por qué? Porque de esta forma obtienes más información. Tienes más claridad y, de paso, te ahorras dar referencias de las que luego te puedes arrepentir.

¿Cuánto vale esa casa?

Greg Northcraft y Margaret Neale realizaron un experimento que te puede ayudar a entender la situación.

Suministraron a agentes de la propiedad inmobiliaria una lista de inmuebles con precios manipulados. Unos agentes recibieron una lista con precios inflados mientras que la lista del resto mostraba los mismos inmuebles con precios más bajos.

Se pidió a los agentes que realizaran una tasación de los distintos inmuebles. ¿El resultado?

El resultado te lo puedes imaginar. Los agentes con la lista de precios inflados dieron valoraciones más altas a sus pisos que los agentes con precios bajos.

La orientación de la casa, los materiales, la zona, el... todas estas razones fueron una buena excusa para realizar una tasación al alza de los inmuebles. También fueron una buena excusa para hacerlo a la baja.

Al final, lo que determinaba el nivel de la tasación era el punto de referencia inicial con el que contaba el agente.

Los anclajes

El anclaje es un fenómeno psicológico que afecta a las decisiones. La primera información que recibimos (anclaje) influye en nuestra forma de actuar.

El funcionamiento es sencillo. Durante el proceso de decisión, el anclaje se produce cuando recibes esa primera información y todo tu proceso de reflexión se organiza alrededor de la información recibida.

En el momento en el que se ha realizado el anclaje, cualquier juicio se establece ajustándose más o menos al punto de referencia (anclaje).

¿Hay que hacer la primera oferta?

Los agentes realizaban sus tasaciones alrededor del anclaje del precio de la lista. En función del primer precio que habían recibido del inmueble. Luego se preocupaban de racionalizar sus reflexiones: la orientación del inmueble, calidad de los materiales, ubicación...

Las negociaciones funcionan igual. Empiezas con una idea mental de precio. La otra parte te da su referencia. Es muy alta. Sabes que te va a dar una referencia alta. Da lo mismo. Ahora empiezas a pensar de una manera diferente. Ahora empiezas a calcular tu contraoferta (a la baja) desde el precio que te dio. El anclaje ya está actuando.

Sí, hay que hacer la primera oferta. Eso es lo que dice la teoría del anclaje y eso es lo que me han enseñado las negociaciones a lo largo de los años.

Hay que hacer la primera oferta y hacer que los demás hagan sus cálculos desde tu referencia. Hay que hacer la primera oferta y dirigir la negociación.

Tiempo y Negociación

Tiempo y negociación son una mala pareja. Mejor, poco tiempo y negociación no terminan de funcionar.

Si has tenido que negociar alguna vez, lo sabes. Cuando tienes que llegar a algún tipo de acuerdo en un tiempo determinado, las cosas son más difíciles.

Cuando esto pasa, tienes menos tiempo para pensar. Tienes menos tiempo para encontrar otras opciones. Tienes menos tiempo y mucha más ansiedad.

¿Cómo funciona el tiempo?

El tiempo siempre funciona igual. Hacia delante. Ése es el problema. En el mundo real, no lo puedes parar, no lo puedes retrasar. Sólo puedes acompañarlo e intentar sacarle todo el partido posible.

Cuando tú eres el que debes alcanzar un acuerdo antes de una determinada fecha, el tiempo no es tu amigo. Juega en tu contra.

Especialmente, cuando la otra parte lo sabe. No tiene que hacer demasiados movimientos. Sólo tiene que esperar los tuyos. En definitiva, tú eres el que tiene problemas de tiempo. Tú eres el que debes resolverlos.

¿Qué se puede hacer?

Siempre se puede hacer algo. También aquí. Puedes montar una estrategia de dos pasos muy sencilla.

Primer paso: buscar una alternativa. Siempre debes tener una alternativa, tengas problemas de tiempo o no. Cuando tienes alternativas, tu estrategia es jugar con ellas. Cuando no la tienes, tu estrategia es rezar.

Segundo paso: traslada el problema a la otra parte. Sí, es inteligente hacerlo. No te lo quedes. La otra parte puede gestionar tu ansiedad cuando la ansiedad es sólo tuya, pero... ¿qué pasa cuando ellos tienen el mismo problema?

¿Cómo lo puedes hacer? Sencillo. Haz evidente que tienes otras alternativas. No esperes sus ofertas. Realiza tus propias propuestas y fíjales una fecha límite para una contestación. Hecho.

Sí, ahora eres tú el que fija la fecha. Ahora, son ellos los que tienen que contestar algo antes de un momento determinado. ¿Qué has hecho? Has cambiado las reglas del juego.

"Time is on my side"

Los Rolling Stones lo sabían. Lo cantaban hace mucho tiempo: "Time is on my side, yes it is" (El tiempo está de mi parte).

Lo sabían los Rolling Stones y lo sabe todo el mundo. Es una verdad universal de la negociación. Si quieres cerrar buenas negociaciones, intenta que el tiempo esté de tu lado.

¿Si no lo está? Entonces, intenta que no esté del lado del otro.

El Secreto Menos Conocido

Negociar es atractivo. Es distinto. En la era de la tecnología, nos gusta reunirnos y negociar. Cara a cara. Sin demasiada sofisticación. Papel y boli y algunos argumentos. Eso es todo lo que necesitas.

La negociación es parte del negocio. Es una parte importante. Si sabes negociar, ahorras dinero. Bajas tus costes. Mejoras tus márgenes.

Negociar funciona, pero no vale todo. No basta con ponerte duro. Es gracioso, pero no aporta demasiado. Cuando eres fuerte, eres fuerte. Duro o no. Además, hay que hacer más cosas.

Negociar funciona. Negociar mejor funcionar mejor.

La preparación

Si estás preparando una negociación, es probable que estés pensando cuánto puedes conseguir, hasta dónde puedes llegar,... Así empiezan todas las negociaciones. Con la preparación. Con el objetivo.

Después piensas en la estrategia. Cómo llegar. Qué hacer para conseguirlo. Algunas preguntas. Algo para intercambiar,...

Ésta es la vía tradicional. Así es como se preparan todos.

La reunión

Es uno de los momentos clave. Si has leído algún libro de negociación, sabes que tienes que cerrar. Eso es lo que dicen los libros. Cierra.

Hay un montón de técnicas. Un montón de nombres raros. Cierre de alta presión. Cierre envolvente. Siempre cerrando. Cierre... El nombre es lo de menos. Todos te venden lo mismo. Haz lo que quieras, pero cierra ya.

Es una opinión. Pero es eso, una opinión. Hay más, pero ellos no las recogen.

Algunos libros hacen mucho daño. No dan alternativas. Lee otros. Los que te cuentan muchas cosas. Cosas distintas. Enfoques diferentes.

El secreto menos conocido

Los métodos tradicionales suponen que, si presionas, cierras. Si has tenido que negociar, sabes que no tiene porqué ser así. Puede ser de otra manera.

Si presionas, pueden pasar dos cosas. Cierras y ganas. Bien por ti. O no cierras y se acaba la partida. Así es la presión. Te lleva a un punto de decisión final. Bueno o malo. Controlas el punto, pero no controlas la decisión.

El secreto menos conocido de una negociación no es cerrar. No es presionar a la otra parte para que firme en la línea de puntos. No es nada que tenga que ver con la fuerza.

El secreto menos conocido es dejar siempre una puerta abierta. Una puerta por la que pueda salir tu interlocutor. Una puerta por la que pueda escapar hasta la próxima reunión.

Cuando la otra parte tiene dudas, deja una puerta abierta. Es la mejor forma de mantener viva la negociación. ¿No lo tiene claro? No pasa nada. No tiene que romper nada. No tiene que decir que no.

Le has dejado una puerta. Puede ser otra opción. Puede ser una alternativa que hay que estudiar. Puede ser cualquier cosa que le dé tiempo, le quite presión y no mate la negociación.

El secreto menos conocido de una negociación no te da victorias inmediatas, pero te permite pelear por ellas siempre.

¿Cuándo Debo Cerrar Una Negociación?

Años atrás, cuando empezaba mi carrera profesional, tenía la obsesión de cerrar todas las operaciones en la reunión de turno.

Trabajaba en el departamento comercial de una televisión privada. Analizaba las características de un cliente concreto. Conseguía una reunión con él o con su agencia. Presentaba una oferta e intentaba que todo quedase resuelto in situ.

Era como una especie de obsesión que teníamos todos los que empezábamos. Quizá por nuestra edad. Quizá por nuestra falta de experiencia. Por la razón que fuese, intentábamos cerrarlo todo rápidamente.

Generalmente, este tipo de operaciones involucraban una cantidad importante de dinero. Además, por aquella época, no había referencias que nos indicaran claramente si una oferta era buena o no. Conclusión: las negociaciones eran duras y los anunciantes o sus agencias pedían descuentos muy importantes sobre los que decidíamos en ese mismo instante.

Creo que no cerrábamos los mejores acuerdos. ¡Para nosotros, claro! Al final del regateo, acordábamos el famoso "ni pa ti, ni pa mí" y negociación finiquitada.

Por supuesto que puedes cerrar la venta en el momento si el planteamiento final está dentro del escenario que habías previsto. ¡Adelante! No dejes pasar la oportunidad. No alargues la operación. ¡Ciérralo YA!

Pero si la decisión está fuera del escenario que habías previsto, si tienes dudas, no tienes ninguna necesidad de decir que sí. Tampoco tienes que decir que no. Tranquilamente, puedes comentar que la situación tiene implicaciones importantes y que tienes que analizarlo con tranquilidad. Das una fecha para volver a contactar. Te levantas y te vas.

Saber cuándo hay que suspender una negociación y retrasar la contestación a un momento posterior es una gran virtud. Al hacerlo te permite:

1.- Pensar con tranquilidad. El calor de la batalla puede no ser el mejor entorno para tomar decisiones importantes. Tómate un tiempo. Enfríate. Reflexiona con tranquilidad y decide si aceptar el planteamiento que te hacen o seguir con una contrapropuesta.

2.- Demostrar madurez. Los principiantes suelen sentirse agobiados por el momento. Por lo general, se meten más tensión de la que realmente hay. No aguantan bien y terminan cediendo al empuje de los demás. Los profesionales más maduros saben que casi siempre hay tiempo. Incluso, cuando no lo hay.

3.- Ganar autoridad. No hay nada peor en cualquier negociación que mostrar las ganas de cerrar una operación a toda costa. Cuando lo haces, has perdido la partida. Si te parece obvio, sólo tendrías que ver cuántos actúan de esta manera. Gana autoridad. Si no ves algo claro, tienes que analizarlo con el tiempo necesario. Cuando actúas así, estás demostrando que no venderás tu producto o servicio a cualquier precio.

4.- Liderar la negociación. Ahora la pelota no sólo está en tu campo, sino que te la has llevado a casa. La contestación no depende de una reacción rápida en medio de una reunión. Vas a analizar con detenimiento todos los pros y los cons de la situación y moverás pieza. ¡Es distinto!

El secreto para sacarle el mejor partido a tus negociaciones es desarrollarlas con la cabeza fría.

Si te sientes presionado y no tienes claro el escenario, ¿qué tienes que hacer? ¿Contestar in situ? NOOOOOOOO. La respuesta lógica es quitarte la presión y aclarar el escenario.

¡Hazlo, eso es todo! Aplica el sentido común y tómate el tiempo que necesites. Si de verdad has hecho los deberes, lo peor que te puede pasar es que tu posible cliente se vaya con otro que no los ha hecho, no ha sabido soportar la presión y ha tomado una mala decisión en el calor de la reunión.

Guía Rápida De Negociación

"Vivimos en un mundo de negociación. Desde que nos levantamos por la mañana, tanto si nos damos cuenta o no, estamos negociando. Negociamos con nuestras parejas, con nuestros hijos, con nuestros padres,... Cuando llegamos al trabajo, negociamos con nuestros jefes, nuestros compañeros, nuestros empleados,... y, por supuesto, con nuestros clientes, proveedores,...

Si hacemos un cálculo de cuánto tiempo pasamos negociando, muchos dirían que dedican más del 50% de su tiempo a negociar. Algunos incluso apuntarían más alto.

En el momento actual, la negociación se ha convertido en una de las habilidades más importantes para cualquier manager".

Éstas son palabras de William Ury, autor de "Obtenga el Sí" y una de las autoridades mundiales en temas de negociación.

No sé si dedicamos el 50% de nuestro tiempo a negociar. La verdad es que no tengo ni idea de cuál es la cantidad exacta. Da lo mismo, sea cual sea seguro que es muy alta. Negociar es una habilidad fundamental. Una habilidad que todos deberíamos desarrollar. Es importante en nuestro entorno personal y profesional. La razón es simple. Si negocias bien, obtienes mejores resultados. Sencillo.

¿Un buen negociador nace o se hace?

Por lo general, suele haber algo de confusión. Pensamos que los grandes negociadores tienen algún tipo de característica innata que les diferencia de los demás. Que les hace mejores negociadores.

Seguro que hay algunos elementos de tu personalidad que pueden influir en el resultado de tus negociaciones. Seguro que es así, pero, por encima de cualquier característica particular que puedas tener, los resultados de tus negociaciones dependen de cómo las prepares. No hay mucho más. La preparación es la clave del éxito para casi todo. También para las negociaciones.

¿Cómo negocian las pequeñas compañías?

Hay de todo, pero, por lo general, las pequeñas compañías negocian más con la intuición que con el método. Puede funcionar en algunas ocasiones, pero es probable que no te asegure unos resultados consistentes a lo largo del tiempo.

Esta guía es una guía de negociación. Es una guía de negociación para pequeñas compañías, para pequeños negocios.

Todos podemos negociar y todos podemos aprender a hacerlo cada vez mejor. Tienes que saber que existe un método, bueno... existen muchos, pero, sea cuál sea el método, te debe ayudar a organizar las ideas y a definir una manera de actuar.

Guía rápida de negociación para pequeñas compañías

Aquí vamos a ver un método. Un método para ti, para cualquiera que quiera mejorar sus negociaciones. Un método sencillo basado en la "preparación".

La preparación es la clave de todo. La preparación te va a permitir dibujar el escenario antes de que se produzca, entender cómo es la otra parte, cuáles son sus objetivos, cuáles son los tuyos, qué puntos de encuentro hay,...

La preparación te va a ayudar definir tu hoja de ruta. ¿Después? Después, sólo tienes que seguirla y tener la suficiente flexibilidad para adaptar tu comportamiento a los posibles giros que se vayan produciendo.

La preparación de cualquier negociación se basa en 10 puntos fundamentales. Si los trabajas adecuadamente, no te aseguras la mejor negociación posible, pero aumentas de forma exponencial tus probabilidades de cerrar buenas negociaciones.

1.- Consigue información sobre la otra parte

Es así. Para negociar bien, debes conocer perfectamente cómo es la otra parte. ¿Qué significa esto? Pues que tienes que saber qué es todo lo que hace.

No basta con conocer el objeto por el que se relaciona contigo. Tienes que conocer cuanto más mejor. Cuáles son todos sus productos o servicios. Cuáles funcionan mejor. Dónde tiene más necesidad...

También es importante que sepas cómo está su mercado. ¿Está creciendo? ¿Está pasando por alguna situación complicada? ¿Su situación financiera? ¿Es buena? ¿Pasa por dificultades?...

¿Cómo son las personas con las que vas a negociar? Ésta es una pregunta importante. Los negocios se hacen entre personas y las personas somos distintas. Algunas facilitan las cosas. Otras las complican. Es importante que sepas de antemano cómo son estas personas. Es la mejor manera de saber cómo tienes que tratar con ellas.

2.- Define la posición de poder

Éste es uno de los elementos más importantes en la preparación de cualquier negociación. La parte que tiene la mayor posición de poder suele ser la parte que saca el mejor resultado de la negociación.

Tener la posición de poder dominante en una negociación es importante, pero es mucho más importante saber qué hace que tu posición de poder aumente.

Tu posición depende de muchos factores. Quizá el más importante son las alternativas de las que dispones. Cualquier negociación sin alternativas te deja en una situación peligrosa. Básicamente, vas a tener que aceptar lo que te ofrezcan.

Antes de entrar en una negociación, es importante estudiar todas las alternativas que tienes a tu alcance. Cuantas más alternativas encuentres, mayores son las posibilidades de gestionar la negociación en el sentido que te interesa.

La información también es crítica. La información que has recogido en el primer punto te va a permitir dirigir la negociación. Te va a ayudar a entender tus propios límites y los de la otra parte. Te va a iluminar las zonas grises.

Hay otros elementos importantes como el peso que tiene la otra parte en tu facturación si es un cliente o la capacitación negociadora tuya y de tu interlocutor o el tiempo de que dispone cada uno para cerrar el acuerdo.

Todos estos elementos son importantes y todos te ayudan a establecer tu posición de poder en la negociación. Tienes la obligación de conocerlos.

3.- Evalúa la relevancia de la negociación

Todas las negociaciones no son iguales. Las hay más y menos importantes. También el esfuerzo de negociación es diferente. El esfuerzo de negociación es directamente proporcional a la importancia de lo negociado.

Tiene sentido. Cuando lo que estás negociando es algo que afecta de una manera determinante al resultado de tu negocio, el esfuerzo es máximo. Es relevante. Tienes que poner todo de tu parte para conseguir un buen acuerdo.

Cuando lo negociado es irrelevante, no le dediques demasiado esfuerzo. No prepares grandes estrategias de negociación para algo que no lo merece. Hay demasiadas cosas importantes en la gestión de tu negocio como para perder el tiempo en negociaciones que no te aportan nada diferencial.

4.- Calibra la necesidad de mantener relaciones

Aprovechar las debilidades de la otra parte para conseguir un buen resultado está bien. Si tu interlocutor tiene puntos débiles (necesidad, falta de tiempo, inexistencia de alternativas,...) tienes que conocerlos. Tienes que conocerlos y tienes que utilizarlos. Las debilidades de los demás aumentan tu posición de poder.

En muchas negociaciones, gracias a tu posición, puedes llevar a la otra parte a una situación complicada. Ir más allá de lo razonable. Exprimir la última gota.

Recuerda que negocias con personas y a nadie le gusta perder. Saca ventaja de tu posición de poder. Consigue un gran resultado en la negociación. Pero no dejes a la otra parte con la sensación de haber sido atropellada.

Puede ocurrir por muchos motivos. Un precio ridículamente alto. Trato personal inadecuado. Falta de respeto por la entidad o por las personas... Los motivos pueden ser muchos, pero todos dejan una sensación desagradable en tu interlocutor.

Cuando una de las partes piensa que han abusado de la posición de poder, que no han sido justos, no se siente bien y es muy probable que rompa relaciones y no vuelva a entrar en un proceso de negociación contigo de la misma manera.

Este tipo de negociaciones donde llevas las cosas al límite no son recomendables. Tu negocio puede dar muchas vueltas. El proveedor que hoy no es imprescindible mañana puede convertirse en el único proveedor de una categoría. La persona que hoy trabaja en el lado débil, mañana puede trabajar en el lado fuerte. La compañía que... Siempre es mejor sentarse en una mesa de negociación con alguien dispuesto a encontrar la mejor solución que con alguien que sólo piensa en devolverte la jugada.

Al final es tu decisión. Pero si decides exprimir hasta la última gota de la otra parte, asegúrate de no necesitarle en el futuro.

5.- Controla el tiempo

Hay un refrán español que define muy bien la importancia del tiempo: "las prisas sólo son buenas para los ladrones y los toreros malos".

El tiempo es un elemento definitivo en cualquier negociación. Hay una regla muy sencilla que debes conocer. El que dispone de más tiempo para cerrar un acuerdo tiene más probabilidades de cerrar un buen acuerdo.

Cuando no tienes tiempo, sufres una doble presión. La de cerrar el mejor acuerdo posible y la de cerrar el acuerdo antes de determinada fecha.

Si estás en el lado débil, si no cuentas con demasiado tiempo para cerrar la negociación, no des la información, no muestres tu ansiedad por llegar a un acuerdo. Cuando el otro negociador sabe que el tiempo es un problema para ti, sólo tiene que esperar tranquilamente para ver cómo poco a poco vas rebajando tus peticiones.

El otro lado es más gratificante. Tienes tiempo. Lo sabes y tienes que hacer que tu interlocutor lo sepa. A partir de ahí, tienes que controlarlo, manejarlo y hacer que funcione en tu beneficio. Planifica el proceso de negociación para poner presión en los tiempos de la otra parte.

6.- Determina tu estilo de negociación

Aunque hay muchos estilos de negociación, podemos resumirlos en dos: los terroristas de la negociación y los colaboradores.

Los terroristas sólo tienen un objetivo, ganar. No les importa demasiado la otra parte. No les importa el resultado que puedan obtener. No les importa la situación en la que se puedan quedar. Lo único que realmente les importa es competir y ganar.

Estos negociadores son peligrosos. Si no encuentran un interlocutor con la suficiente personalidad, pueden llevárselo todo. La condescendencia no funciona. Para negociar con un terrorista de la negociación hay que ponerse a su nivel. Trabajar de igual a igual y desde ahí intentar reconducir la negociación.

Los negociadores colaboradores son distintos. Éstos se sientan en una mesa de negociación con la idea de colaborar. Con la idea de encontrar soluciones que puedan ser ventajosas para las dos partes.

Su mentalidad es diferente. La negociación no consiste en llevarme más que tú. La negociación consiste en hablar y ver cómo podemos hacer que la tarta sea más grande. Que en lugar de repartirnos 100 nos repartamos 200. Que todos ganemos más.

El estilo de negociación depende de tu personalidad y del estilo de la otra parte. Los que son competidores compiten constantemente. Les cuesta mucho cambiar su forma de ser. Cuando se sientan en una mesa de negociación quieren ganar ellos. Son los terroristas de la negociación.

Los negociadores menos emocionales son más colaboradores. ¿Qué quieren obtener en una negociación? El mejor resultado posible. Este resultado no pasa por ganar al otro. Pasa por ganar más. Por explorar posibilidades donde todos pueden mejorar su resultado.

Todo esto depende de ti, pero el estilo más rentable es el colaborador. Aunque como te he comentado antes, a veces hay que ponerse al nivel de tu interlocutor, convertirse en un terrorista de la negociación, plantar cara y, desde ahí, llegar a otro tipo de posturas más convenientes para todos.

7.- Establece tu punto de fuga

El punto de fuga es la información fundamental que todo negociador debe conocer. No puedes entrar en una negociación sin saber cuál es el punto a partir del cual no merece la pena seguir negociando.

Quizá es uno de los errores típicos de los negociadores novatos. Empiezan a negociar sin saber muy bien dónde les puede llevar esa negociación y terminan en sitios pocos recomendables.

El punto de fuga funciona como un marco. Cuando sabes en qué momento tienes que abandonar una negociación, conoces el terreno en el que estás jugando. Dentro de ese terreno juegas. Pero, cuando vas más allá de los límites, dejas de jugar. Abandonas. Ése es el objetivo de los puntos de fuga: saber cuándo hay que dejar la negociación.

¿Cómo sabes dónde está el punto de fuga? Es fácil. Es el punto en el que aparecen otras alternativas. Negocio contigo hasta un determinado límite (precios, servicio,...). A partir de ese límite, hay otros que pueden ofrecerme lo mismo. A partir de ese límite, ya no te necesito porque tengo más alternativas.

Es importante tener en cuenta que una de las alternativas que tienes que contemplar es la de quedarte como estás. Es probable que haya negociaciones donde lo mejor que puedes hacer es nada. Simplemente, dejas de negociar y sigues en la misma situación en la que estabas anteriormente.

8.- Decide qué concesiones estás dispuesto a hacer a la otra parte

Las negociaciones funcionan así, con concesiones. Las dos partes tienen que estar dispuestas a intercambiar concesiones con el fin de acercar posturas. Es inteligente definir de antemano un plan de concesiones con el fin de saber qué puedes conceder y en qué momento.

En el juego de concesiones tienes que asumir una premisa básica: todo se puede negociar. Tienes que abrir tu mente y considerar todas las posibilidades a tu alcance: precio, plazos de entrega, nivel de calidad, servicio, formación, recursos, tiempo del acuerdo,... Cuantas más posibilidades contemples, mejor será tu plan de concesiones y mayores las probabilidades de cerrar buenas negociaciones.

Otro punto importante es el valor de las concesiones. Sí, las concesiones que haces tienen valor y este valor no tiene porqué ser el mismo para las dos partes. ¿Qué quiero decir? Quiero decir que es una buena estrategia intercambiar activos o hacer concesiones que valores menos que la otra parte.

Por ejemplo, a un cliente le puede resultar más atractivo la extensión de una garantía que la rebaja del precio. Aumenta la garantía antes de cargarte tu margen. Es una buena idea identificar este tipo de concesiones y sacarles el máximo partido.

Todavía, hay más estrategias que te pueden ayudar. Una en especial. Yo le llamo el todo y las partes. Las matemáticas nos dicen que la suma de las partes es el todo, pero la psicología nos dice algo muy distinto. Para la psicología, la suma de las partes es más grande que el todo.

¿Qué significa todo esto? Sencillo. Debes dividir el activo que intercambias en la negociación en tantas partes como te sea posible. La concesión del todo a través de sus partes se percibirá como una mayor concesión que si se hubiese realizado una única concesión con el todo.

Las concesiones tienen la finalidad de crear valor para las partes. Así, mejoramos la predisposición para conseguir nuestros objetivos.

9.- Utiliza criterios objetivos

La interpretación libre no es una buena característica para ninguna negociación. Si en el contenido del acuerdo hay algún elemento que debe ser medido o evaluado, hay que acordar una fuente externa y objetiva que aporte el dato.

Cualquier otra fórmula que no sea así de transparente puede provocar dudas y acabar con la posibilidad de acuerdo.

Piensa en cualquier contrato que se renueve año a año y que incorpore en el precio el nivel de inflación. No tendría mucho sentido que una de las partes aportase el dato de inflación. No sería creíble por tratarse de una parte interesada.

¿Qué habría que hacer? Buscar una fuente externa que sea aceptada por todos. En el caso del ejemplo es fácil. El dato a utilizar sería el Índice de Precios de Consumo publicado por el Instituto Nacional de Estadística.

Es probable que en otros casos no sea tan sencillo. Es probable que haya que buscar más. Da lo mismo. Hay que hacerlo. Los criterios objetivos de evaluación son una parte fundamental de cualquier negociación donde haya que medir algo.

10.- Plantea tres alternativas

¿Por qué alternativas? Porque sí. Porque es la mejor manera de evitar que una negociación se bloquee.

Seguro que has planificado correctamente la negociación. Seguro que has hecho tus deberes. Seguro que crees que lo que vas a plantear es la mejor solución. Entonces... ¿dónde está la necesidad de plantear más opciones?

La necesidad está en tu interlocutor. Él puede pensar de una manera diferente. Puede pensar que la solución que le propones no es la correcta. ¿Hay otras alternativas? ¿No? Negociación terminada.

Las alternativas evitan atascos y abren posibilidades. Además, son la mejor argumentación para defender tu solución ideal. Sirven para comparar. Cuando las gestionas correctamente, puedes explicar qué es lo que aporta cada una de ellas y cuál puede ser la más idónea según qué condiciones.

¿Por qué 3 alternativas? Porque 3 es el número mágico. Dos alternativas son pocas para comparar y cuatro son demasiadas para calibrar. Tres alternativas te permiten plantear un escenario abierto y flexible y te da la oportunidad de argumentar entre ellas para conseguir poner el foco sobre la que te interesa.

Prepara bien tus alternativas. Da suficientes opciones a la otra parte. Demuéstrale tu flexibilidad. Cuando lo haces correctamente, los resultados de tus negociaciones mejoran.

Las negociaciones dependen de muchos factores. Unos tienen más peso que otros. Si tuviese que apostar por alguno, lo haría sin duda por la preparación. La preparación es la clave del éxito. Cuando preparas, llegan los resultados.

Aquí tienes 10 puntos para mejorar la preparación de tus negociaciones. Da lo mismo que tu compañía sea pequeña, que no tengas demasiada experiencia. Es igual. Si sigues estos 10 puntos aprenderás a negociar, cerrarás mejores acuerdos y conseguirás más resultados.

CAPÍTULO 10
SERVICIO

"El mejor servicio de atención al cliente es cuando el cliente no necesita llamarte."

-Jeff Bezos-

Trata A Tus Clientes Como Reyes

¿Tienes claro cuál es el mayor activo de tu negocio? Si estás leyendo estas líneas, lo más seguro es que pienses como todos nosotros que lo más importante en cualquier negocio son los clientes. En caso contrario, es muy probable que ya hayas terminado tu aventura empresarial y a estas alturas te dediques a otras cosas.

No hace mucho, me encontré en medio de una conversación de negocios bastante curiosa. Se estaba debatiendo sobre la importancia de los distintos departamentos de la empresa y su influencia sobre los resultados de la compañía.

Te puedes imaginar que, en función de los perfiles de cada uno de los participantes en la conversación, la argumentación se desviaba en un sentido o en otro. Era simpático observar cómo se defendían las funciones en lugar de defender los conceptos.

Señores, lo único crítico para una compañía son sus clientes. CLIENTES. El resto, es decir, todos los departamentos están al servicio de lo que los clientes quieran.

Si no somos capaces de verlo de esta manera, tendremos problemas. Sin clientes no hay negocio. No hace falta ir más allá en la argumentación. Los clientes son la verdadera razón sine qua non para la existencia de los negocios y, después, todo lo demás.

Los negocios saludables ganan clientes, los conservan y consiguen que esos mismos clientes les traigan nuevos clientes. Es una especie de círculo virtuoso que, cuando está en funcionamiento, aporta unos resultados extraordinarios.

Si quieres que tu negocio entre dentro del grupo de negocios con posibilidades de éxito tendrás que prestar mucha atención a tus clientes y, para conseguirlo, lo primero que tendrás que desarrollar es un sistema de Servicio a tus clientes.

¿Cómo se hace esto? Hay unos pasos básicos que tendrás que respetar para asegurarte unos buenos resultados:

1.- Establece la filosofía de servicio al cliente. Coloca al cliente en el centro de todas tus operaciones. No te conformes con decir que el cliente es lo más importante. Demuéstralo con hechos todos los días y en todos los sentidos. Todos los integrantes de tu organización deben entenderlo y actuar según este principio.

2.- Define la política de servicio al cliente. Tienes que identificar qué tipo de acciones son las que tienen mayor impacto sobre la percepción del servicio por parte de los clientes y fijar los niveles de calidad que te servirán como guía para saber si lo estás haciendo bien o mal.

3.- Desarrolla los procedimientos adecuados. Hay que detallar paso a paso cómo desarrollar cada una de las acciones identificadas en la política de servicio al cliente y ejecutarlas con la mayor perfección posible hasta que consigas estandarizarlas.

4.- Mide los resultados. Vigila el funcionamiento de todo el sistema para detectar posibles desviaciones. Si existen, intenta corregirlas. Si no es posible, identifica qué elemento del diseño no es correcto y cámbialo.

Todo el mundo dice que el cliente es lo más importante. Muchos lo llegan a asumir, pero son pocos los que realmente orientan todas sus operaciones a la satisfacción de las necesidades de su cliente.

Mientras no hay competencia o ésta no tiene el nivel suficiente, la falta de orientación al cliente se puede enmascarar. Cuando llega un nuevo competidor que hace las cosas bien y que trata al cliente como éste se merece, es el principio del fin si no eres capaz de reconvertirte y servir a tu cliente de forma excelente.

No esperes a verte obligado a hacerlo y empieza hoy mismo a trabajar tu sistema de servicio al cliente.

¿Qué Puedes Hacer para Mejorar tu Servicio?

¿Qué es el servicio? ¿Cómo podemos definirlo? No es fácil. Cada uno lo entiende de una manera distinta. Nosotros le llamamos "Servicio de Atención al Cliente". Los anglosajones le llaman "Customer Service" (servicio al cliente). A mí me gusta más Customer Service. Es más sencillo.

Cuando hablamos del servicio al cliente, nos hacemos un lío. No sabemos por dónde empezar. ¿Qué hay que hacer? ¿Qué tengo que incluir? Terminamos metiendo más cosas de las que son. Mezclamos conceptos, ideas,... Al final, queda algo que no tiene una forma determinada. Algo que no sabemos para qué sirve.

Las cosas son más simples. Piensa en lo básico, en lo fundamental. ¿Qué quieren tus clientes? Esa es la cuestión. Escucha siempre a tus clientes. Ahí está la contestación.

Tus clientes quieren pocas cosas, pero no quieres errores.

1.- Un producto perfecto que cubra su necesidad. Parece una obviedad, ¿verdad? No lo es. Tu producto o servicio debe cubrir la necesidad de tu cliente. No debe hacer más cosas. No debe ser más complicado. No debe ofrecer más opciones. Debe darle al cliente lo que el cliente espera de él. ¿Por qué otra razón lo iba a comprar?

Olvídate de ponerle más cosas. Céntrate en lo que de verdad importa. Lo que quiere tu cliente. Hazlo a la perfección. Ahí no puedes fallar.

2.- Profesionales con encanto. ¿Todos los productos son iguales? Por supuesto que no. ¿Todos los productos iguales son iguales? No. ¿No? Noooooooooo... Tú eres parte de tu producto. Tus profesionales son parte de tu producto. Puedes tener un producto perfecto, un producto que cubre "LA NECESIDAD" en letras mayúsculas y ser un auténtico fracaso.

La relación con tus clientes es importante. Tus clientes son personas o son empresas llenas de personas. Quieren que les trates bien. Que tengas buena cara. Que tu tono de voz sea el adecuado. Que escuches lo que dicen. Quieren ser queridos. Trata a tus clientes con encanto. Si no lo haces, lo buscarán en otro sitio.

3.- Respeto por los tiempos. No vale todo. Si entregas tu producto dos días tarde, te confundes. Si entregas tu producto un día tarde, te confundes... Tu producto tiene que llegar cuando tiene llegar. No valen los retrasos. No valen las excusas. Hay que entregarlo. Eso es todo.

Si no tienes una política de plazos, redáctala ya. No hay peor espera que la que no sabes cuánto va a durar. Los tiempos son importantes. También son parte de tu producto. Es una característica más. Es una característica que puede ayudarte o puede hundirte. Respétalos.

4.- Solución de problemas. Los productos tienen problemas. Pueden funcionar mal. Se rompen. Pasa. Siempre pasa. Tus clientes esperan tus comentarios. Quieren hablar contigo. Quieren saber cómo pueden recuperar la normalidad. Esperan tus soluciones.

Este es un punto complicado. Es un punto donde todas las compañías se la juegan. Las quejas de tus clientes pueden hundirte o pueden... ayudarte. Si no das a tu cliente una solución correcta, se irá. Además, contará a muchos otros su experiencia. No es agradable. Tu nombre se puede resentir. Tu negocio se puede hundir. También, puede ser una oportunidad. Se plantea el problema. Escuchas a tu cliente. Entiendes su postura. Le das una solución que le satisface. Si esto es así, habrás aumentado la relación con tu cliente. La habrás mejorado. Le habrás invitado a que cuente su experiencia positiva. Piénsalo.

El servicio al cliente (customer service) es complicado si no sabes qué tienes que hacer. Si lo simplificas, se simplifica. Si lo haces sencillo, es muy probable que construyas un gran servicio al cliente. Lo único que tienes que hacer es centrarte en lo realmente importante. ¿Lo demás? Lo demás es literatura.

10 Frases Que No Puedes Decir

Tienes un problema. El producto no funciona como esperabas y llamas a la compañía que te lo vendió. Te contestan:

1.- Sí, pero...

2.- Tengo que consultarlo con mi supervisor

3.- Le entiendo, pero las normas son...

4.- No es culpa nuestra que...

5.- Si hubiese leído el manual...

6.- Tiene que llamar a este otro número y ahí le indicarán

7.- El sistema se ha caído, llame en otro momento

8.- Ahora mismo no está el responsable

9.- Tiene que...

10.- No sé si podremos...

"¿Qué me dices del manual? ¿Qué me dices del sistema? ¿Qué me dices de tus normas? ¿Qué...? Tengo un problema y quiero una solución. ¿No me la das? Me voy a otro sitio. ¡Adiós!"

Clientes Enfadados

¿Has tenido la ocasión de enfrentarte a un cliente cabreado... quiero decir un cliente muy, muy cabreado? Si lo has hecho es más que seguro que pienses que los clientes enfadados no son ninguna bendición.

Durante mucho tiempo los "quiero-ser-gurú" han predicado que un cliente enfadado es como un regalo divino. ¿Su argumentación? Bueno... algo así como que son una fuente de información privilegiada.

Los que hemos tenido este tipo de experiencias sabemos que el único regalo divino consiste en hacer las cosas bien e intentar conseguir que TODOS tus clientes estén satisfechos.

¿Es posible conseguirlo? No. ¿Es posible intentarlo? Si, pero nadie tiene la seguridad de poder conseguirlo al 100%. Aquí es donde entra el argumento anterior. Los clientes enfadados no son ninguna bendición, pero están ahí y tenemos que saber gestionarlos.

¿Por qué? Por muchas razones, pero, entre otras, porque es un cliente. Es decir, cada vez que un cliente se enfada, aumentan las probabilidades de que te abandone. Y todos sabemos que cuesta entre 5 y 10 veces más conseguir un nuevo cliente que retener a uno antiguo. Si, al final, se marcha, habrás hecho un mal negocio.

¿Cómo se gestionan los clientes enfadados? Hay mucha literatura publicada al respecto, pero lo que mejor me ha funcionado ha sido este pequeño plan de 6 puntos:

1.- Cambia el contexto de la relación. Intenta mantener la reunión fuera de la oficina, despacho,... Café o almuerzo puede ser una alternativa. Esta maniobra es como una declaración de intenciones: jugamos de forma distendida en un campo neutral.

2.- Escucha. Presta atención a todo lo que te tenga que decir. No adoptes una actitud defensiva. Muestra comprensión (no confundir con sumisión). Intenta ponerte en su lugar.

3.- Sé positivo. Mantén una actitud positiva en todo momento. Deja muy claro que tu intención es arreglar la situación de la forma más satisfactoria posible y mantener la relación.

4.- Plantea soluciones abiertas. Esboza un escenario de solución posible y pídele colaboración a tu cliente para ver cómo se puede concretar. Piensa en lo importante que son los clientes y plantea una buena solución.

5.- Concreta el arreglo final. Incorpora las peticiones de tu cliente (generosas, pero razonables) y da por zanjado el conflicto. Si la forma de proceder o peticiones de tu cliente estuviera fuera de contexto, reconoce que el cliente pertenece al tipo de clientes con los que no quieres trabajar y termina tu relación con él.

6.- Da seguimiento al acuerdo. Haz todo lo posible para saber cómo se desarrollan los siguientes pasos. Si lo haces, estarás demostrando tu interés por tu cliente (en el fondo, sólo queremos sentirnos queridos) y habrás conseguido darle la vuelta a la situación.

Afortunadamente, este tipo de problemas con los clientes no son la norma, pero debes estar preparado para manejarlos y solucionarlos.

Las soluciones correctas a este tipo de conflictos te pueden ayudar fidelizar a estos clientes y a los que ven como actúas en este tipo de situaciones. Además, puedes identificar áreas de mejora en la relación o servicio a tus clientes.

Al final, van a tener razón quienes dicen que los clientes enfadados son una bendición.

¿Cómo Puedo Mejorar Mi Servicio Con Una Jirafa?

Hace algún tiempo, leyendo un artículo en HelpScout.com, di con una historia que me pareció increíble.

Chris y su familia habían pasado unos días en el Hotel Ritz Carlton. Al poco de terminar su estancia en el hotel, el hijo de Chris se dio cuenta de que Joshie, su jirafa de peluche, había desparecido.

Chris, con la idea de tranquilizar a su hijo, le dijo que Joshie se había quedado en el hotel unos cuantos días más para aprovechar al máximo sus vacaciones. Mientras tanto, contactaba con el hotel para preguntar por la jirafa desaparecida.

Por fin, unos días más tarde, recibía la confirmación de que Joshie se encontraba "sana y salva" en el Ritz.

Chris, con la idea de resolver de la mejor manera la historia que le había empezado a contar a su hijo, preguntó al personal del Ritz si podían seguirle el juego de alguna manera.

Al poco tiempo, el hotel Ritz enviaba a Joshie de vuelta a casa. No sólo eso, a Joshie le acompañaba un pequeño librito lleno de fotografías de los distintos momentos que Joshie había disfrutado en el hotel.

Sí, el personal del hotel, en respuesta a la petición de Chris, había hecho una tarjeta de identificación para Joshie como empleado del Ritz. Además, fotografiaron a la jirafa en distintas situaciones a lo largo de "sus vacaciones" en el hotel: tomando el sol en la piscina, trabajando con unos ordenadores, recibiendo un masaje después de un día intenso,... Si buceas un poco por internet, podrás ver las fotografías.

¿Por qué?

Sí, ¿por qué? ¿cuál es la lógica de todo esto? ¿qué tiene que ver todo esto con la gestión de un negocio?

Cada uno puede tener su interpretación. Para mí, es una muestra increíble de "Atención al cliente". Una muestra increíble de cómo preocuparte por tus clientes y llegar mucho más lejos de lo que ellos puedan imaginar.

La muestra es tan increíble que hoy estoy escribiendo aquí la historia de "Joshie, la Jirafa" y antes han escrito sobre ella otros muchos y otros muchos han visto el vídeo en YouTube y otros muchos...

¿Qué quiero decir? Quiero decir que una acción de este tipo, donde los empleados del Ritz han dado muestras de lo mucho que les preocupa la satisfacción de sus clientes, llega hasta los sitios más increíbles. Una historia como la de Joshie es la mejor publicidad que puede recibir el Hotel Ritz.

Mucho más

Claro, hay más. Este tipo de acciones están bien, pero son mucho más interesantes cuando sirven para algo concreto.

Aquí, es evidente. Esta historia refuerza la idea de que el Ritz tiene entre sus máximas prioridades el servicio a sus clientes. Lo tiene presente hasta límites insospechados.

Es eso lo que hace que sea excelente. Lo exagerado de la historia coloca al Ritz en otro nivel. Un nivel en el que pocos están. Un nivel que le permite cargar mucho más de lo que pueden cargar sus competidores.

Da lo mismo si se trata de una jirafa o de cualquier otra cosa. Si tienes la oportunidad de demostrar a tus clientes lo importantes que son para ti, no la dejes pasar. Tus clientes lo recordarán, alguien puede escribir sobre ello y tú puedes incrementar tus ingresos.

La Diferencia entre Muy Bueno y Excelente

Hace años que compro libros en Amazon. Es un sitio increíble. Una tienda estupenda. Si chapurreas el inglés, tienes todo el conocimiento del mundo al alcance de un click.

En cierta ocasión, tuve un problema con un pedido. Un paquete que debía contener 19 libros. Llegaba envuelto en una funda de plástico con un aspecto preocupante. La caja de cartón estaba destrozada y dentro sólo había 7 libros (doce se habían quedado por el camino).

Esta es una situación extraña. Por lo general, Amazon suele empaquetar perfectamente sus libros (cajas resistentes rellenas con pequeños airbags para evitar el movimiento en el interior). Sea por lo que sea, esta vez no fue así y faltaban más de la mitad de los libros.

Enseguida, me puse en contacto con el equipo de Amazon. Les conté qué había ocurrido y se pusieron manos a la obra. La gestión que hicieron del tema fue realmente buena:

1.- Contestación: en menos de una hora ya me había contestado su servicio de atención al cliente. ¿Se puede ser más rápido?

2.- Explicación: no me hicieron ninguna pregunta. Aceptaron mi comentario como versión final.

3.- Solución: en su contestación ya incluían la solución. Apuntaban todo el juego de reenvíos de los libros en stock y de anulaciones de cargos en mi tarjeta de crédito para cuadrar las cantidades del libro que ya se había agotado.

4.- Ejecución: Ese mismo día, salió el primer envío con tres de los libros pendientes y durante los dos días siguientes salieron dos paquetes más con cuatro libros cada uno.

Todo lo que hizo Amazon fue perfecto. Reacción rápida y solución inmediata. Estoy contento con la actuación de Amazon. La verdad es que no esperaba menos de una compañía que siempre lo hace bien.

¿Puedo decir que fue excelente? No, no puedo. Hay algunos detalles que pueden pasar desapercibidos pero que son los que marcan la diferencia entre "muy bueno" y "excelente".

a.- El paquete roto que originó todo esto llegó 3 días antes del "Delivery estimate" (fecha final prevista para la entrega). Los nuevos envíos se esperaban diez días después de ese "Delivery estimate".

b.- No me enviaron uno de los libros porque no había stock en ese momento.

Soy cliente de Amazon desde hace un montón de años. Me encanta la compañía y disfruto con sus libros. Voy a seguir comprando y recomendando Amazon a todo el mundo, pero creo que han dejado pasar una oportunidad increíble para haber alcanzado la excelencia.

¿Qué creo que debería haber hecho?

a.- Realizar los nuevos envíos utilizando el modo más rápido (más caro, sí, pero más rápido). La situación es la siguiente: mi pedido original llega en mal estado por causas ajenas a mí. Además, llega muy próximo a la fecha estimada de entrega (es cierto que no es una fecha garantizada, pero Amazon suele entregar sus paquetes con mucha antelación a esas fechas previstas). Si Amazon llega a elegir el medio más rápido (es decir, demuestra que no le importa gastarse unos euros más con el fin de dar el mejor servicio a un cliente), me habría impresionado. Habría pensado: "son increíbles".

b.- Si no tienes el libro en stock ahora, basta con decirme: "ahora no puede ser. No te preocupes, tan pronto lo tengamos te lo enviamos". Sencillo, ¿no? Si quieres rematar la faena, cuando llegue el momento, lo envías sin coste alguno.

¡Ojo! No es un tema de dinero (ahorrarte cuatro euros no tiene la más mínima importancia). Es un tema de confianza. Es un tema de superar expectativas y fortalecer relaciones.

¿Qué te parece? ¿Imaginas que alguien te trate así? Sería maravilloso. Sería excelente. No cambiarías jamás. No tendría sentido.

Amazon actuó muy bien. Lo hizo todo correctamente (es una compañía fantástica que os recomiendo abiertamente), pero pudo ser excelente y dejó pasar la oportunidad.

No la dejes pasar en tu compañía. Recuerda siempre que hacemos negocios con aquéllos a los que conocemos y en los que confiamos. Eso es lo más importante. Esa es la diferencia entre MUY BIEN y EXCELENTE.

Conexiones Humanas

Para muchos, ésta es la economía de la conexión. Las compañías quieren conectar con sus mercados. Estar conectado con tus clientes es la clave. Más conexión. Más fácil. Más tiempo.

Es una especie de sírvase usted mismo. Conéctate. ¿Quieres preguntar algo? ¡Adelante! ¿Tienes algún comentario? ¡Adelante! ¿Deseas...? ¡Adelante!

La solución obvia

No es un secreto. Si quieres más conexión, las compañías te la dan. Es algo relacionado con números de teléfono de atención al cliente, disponibilidad a todas horas, distintas plataformas,...

Las posibilidades son muchas. La idea es ofrecerlas todas. Hacerlo fácil. Eliminar barreras. El más disponible gana. Ése es el nombre del juego.

¿Entonces?

Entonces contratas una compañía de atención telefónica. Utilizas un robot de voz que repite cosas y llenas el call center de teleoperadoras.

Ése es el camino a seguir. Mucho de todo para que tus clientes puedan contactar. Para que todos se sientan escuchados. La cantidad es un argumento que suele funcionar. "Mucho" suena a interés, compromiso,... No hacen falta más cosas.

Al final

Pones al alcance de tu mercado la posibilidad de conectar. Si quieren, pueden. La voz del robot te va guiando. Una pregunta, dos, tres,... Las que hagan falta. Tantas preguntas como sean necesarias para darte servicio y optimizar el sistema.

Al final, la teleoperadora. Una voz humana te recibe. Comunicación entre humanos. Suena bien, pero los resultados son raros.

La teleoperadora sigue un protocolo. Lo tiene sobre la mesa. Si A entonces B. Si C entonces D. Si E... lo que sea. Las cosas tienen un orden. El protocolo les ayuda a mantenerlo.

¿Qué sentido tiene?

Está bien utilizar personas. Al final, la conexión consiste en eso. En conectar personas.

Hay dos tipos de personas. Las personas que siguen protocolos cerrados y las que no los siguen. Las primeras son menos flexibles. Ofrecen menos posibilidades. Son más como máquinas.

Las segundas son diferentes. Son personas.

¿Qué sentido tiene utilizar personas como máquinas? Supongo que poco. Es un mayor coste para hacer lo mismo. Para conseguir el mismo efecto.

Te puedes engañar. Puedes pensar que estás haciendo lo correcto. Puedes creer que tu conexión es humana. Puedes pensar lo que quieras.

Otros protocolos

Zappos es una compañía que utiliza otro protocolo. El protocolo de no tener protocolo. En Zappos creen en el poder de las conexiones. Creen que las compañías que conectan mejor con sus clientes tienen mejores resultados.

El protocolo de Zappos consiste en utilizar personas, escuchar a sus clientes, ofrecer soluciones y añadir satisfacción. No necesitan papeles escritos. No necesitan guías en el ordenador.

Sólo necesitan personas. ¿Cualquier persona? Seguramente no. Personas entrenadas. Personas.

¿Por qué? Porque se lo creen. Se creen que las personas pueden influir sobre la percepción de otras personas. Se creen que las compañías que tienen conexiones humanas ganan.

CAPÍTULO 11

ERRORES

"El hombre de éxito aprende de sus errores y lo intenta de nuevo de una forma diferente."

-Dale Carnegie-

30 Razones Por Las Que No Vendes Más

Si tuviese que elegir la pregunta que me han hecho en más ocasiones, "¿Cómo puedo vender más?" ganaría por goleada.

¿Qué quieren las empresas? Vender. ¿Cuándo tienen problemas? Cuando no venden lo suficiente. Es así de simple. Luego, lo podemos llenar de palabras raras y conceptos retorcidos, pero el tema es sencillo: Tienes problemas cuando no vendes.

Vender es la clave de todo. El resultado de tus ventas depende de tu marketing. Mejor marketing, más ventas. Peor marketing, problemas.

Cuando tus ventas no funcionan es porque tu marketing no funciona. Hay muchas razones que lo pueden explicar. Aquí, te dejo unas cuantas sin un orden especial. Merece la pena revisarlas cuando intentes vender tus servicios. Si las conoces, aumentas las posibilidades de conseguir mejores resultados.

1.- No hay un mercado lo suficientemente grande

Es todo un clásico. Tenemos una gran idea. Creamos un gran producto. Ponemos toda la ilusión del mundo, pero cuando lo lanzamos... ¡Ahggg! La respuesta no es la adecuada. Algo ha fallado.

¿Por qué? La idea es perfecta (es mía). El producto es maravilloso (es mío). ¿Entonces? Entonces la respuesta falla (es de ellos). Entonces no hay suficiente número de personas que tengan el suficiente interés en tu idea y en tu producto. Pasa. Sí, pasa y hay que saberlo. El mecanismo no funciona así. No creamos el producto y buscamos un mercado. No es así. Es justo lo contrario. Tratamos de encontrar un mercado con una necesidad y creamos un producto para satisfacerla. Es intuitivo, pero no lo tenemos tan presente como deberíamos.

2.-No tienes un producto que funcione

En este caso, existe un mercado con una necesidad, pero tu producto no es el adecuado para cubrirla correctamente.

¿Por qué pasa esto? Por varios motivos. Porque tu producto no resuelve el problema para el que se creó. Porque lo resuelve peor que otros. Porque el precio de tu producto está por encima del valor que aporta a tus clientes. Porque hay muchos que hacen lo mismo que tu producto. Porque...

Hay muchos "porqués". Da lo mismo. Siéntate, reflexiona, analiza tu producto e introduce los cambios necesarios para adaptarlo a las necesidades de tus clientes.

3.-No explotas la fuerza de tus clientes

El mejor argumento de venta que puedes tener es el testimonio de un cliente satisfecho. Las cosas son así y no pueden ser de otra manera.

Este tipo de testimonios son la fuerza de la prueba. La prueba de que lo que haces da resultados. La prueba de que lo que haces ha dejado contento a tu cliente. La prueba de que lo que haces tiene valor.

Si no lo haces, empieza a hacerlo ya. Empieza a recoger los testimonios de tus clientes. Todos. Los buenos y los malos. Los malos te ayudarán a mejorar y los buenos te ayudarán a vender.

4.- No creas un dossier con tu trabajo

¿Qué es un dossier? Un dossier es una carpeta donde guardas el registro de todo lo que haces. ¿Por ejemplo? Por ejemplo, fotografías que tengan que ver con algún proyecto que has gestionado, vídeos que recogen alguna secuencia tuya en acción, comentarios de...

La idea consiste en recoger las evidencias de tu trabajo. Evidencias que puedas mostrar al mundo para que te conozcan mejor, para que puedan entender qué es lo que haces y cómo lo haces. Evidencias que puedas colgar en tu página web, que puedas enviar por email a tus clientes potenciales, que puedas incorporar en tus catálogos.

Es fácil. No requiere demasiado trabajo. Es una rutina que debes introducir entre tus hábitos. Al principio, cuesta un poco porque no estás acostumbrado. Después, es parte del proceso y sale sin que te des cuenta.

5.- No tienes presencia en los medios

Los medios de comunicación son importantes. Te ayudan a amplificar tu mensaje y lo multiplican por "n". Los medios son la palanca que te permite pasar de comunicar uno a uno a comunicar uno a muchos. Hacen que tu comunicación sea más masiva y llegue a más sitios.

Hay distintas formas de conseguir presencia en medios. Puedes escribir artículos relacionados con tus servicios y hacérselos llegar a una revista especializada del sector. Puedes enviarles notas de prensa con algún contenido interesante que te posicione como experto. Puedes intentar conseguir una entrevista si has publicado un libro, has dado una conferencia, has...

El tema funciona, pero no es fácil. No esperes que te llamen del periódico nacional de mayor tirada para que les concedas una entrevista. No pasará. Por lo menos, no pasará al principio.

Hay que seguir otro tipo de estrategia. Hay que empezar por los medios locales. Medios pequeños que pueden ser más receptivos. No te preocupes demasiado por la audiencia que puedan tener. Simplemente, ponte en contacto con ellos y empieza a cerrar colaboraciones. Poco a poco irás aumentando el número de colaboraciones y el tamaño de tu audiencia. Poco a poco irás siendo más relevante. Hasta que un día, ¿por qué no? te llamen del famoso periódico.

6.- No hablas lo suficiente

Bueno,... no hablas lo suficiente en los foros adecuados. Sí, tienes que hablar. Tienes que demostrar lo que sabes. Tienes que dar tus opiniones. Tienes que lanzar tu mensaje tantas veces y delante de tantas personas como te sea posible.

Hay pocas fórmulas mejores que ésta. Cuando hablas de lo que sabes y lo haces como sabes, tu nivel de credibilidad sale disparado. A partir de ese momento, pasas de la categoría de desconocido a la categoría de experto. A partir de ahí, tu opinión vale mucho más.

Una buena manera de hacerlo son las conferencias. Identifica qué organismos promueven u organizan conferencias o eventos dirigidos a tu mercado. Ponte en contacto con ellos. Ofréceles la posibilidad de colaborar con ellos sin cargo alguno. Prepara una buena presentación. Una presentación que aporte valor a tu partner y a tu audiencia. Una presentación que muestre tu nivel de capacitación. Sal al escenario. Habla y disfruta haciéndolo.

7.- No tienes una historia

Todos tenemos historias. Seguramente, tú tienes un montón de ellas, pero no las utilizas. Las historias nos enganchan. Nos divierten. Nos involucran.

No les cuentes a tus clientes que haces esto o aquello. Que tus resultados son fantásticos. Que tus productos son increíbles.

No lo hagas porque no les interesa demasiado. Además, no es divertido. Es difícil enganchar a nadie diciendo que les vas a "ayudar a organizar eficientemente su compañía". Es mucho más efectivo contarle una historia que lo demuestre. Una historia sobre algún problema que has ayudado a solucionar. Una historia de verdad. Tuya, personal e intransferible. Una historia con la que se puedan identificar tus clientes.

Hay que cambiar el chip. Es fácil decirlo, pero cuesta un poco más hacerlo. Nos han educado en un mundo que separa lo personal de lo profesional. Lo personal puede ser divertido, entretenido, emocional,... Lo profesional tiene que ser serio, gris y aburrido.

Bueno, no es así. Sólo tienes que pensar de una manera diferente. Aplica tu toque personal a todo lo profesional. Así, sencillo. No tengas miedo. Cuando lo haces, tu mensaje pasa de blanco y negro a color.

8.- No dispones de un botón de muestra

¿Qué es un botón de muestra? Eso, algo que puedes entregar de forma gratuita a tus clientes para que se puedan hacer una idea de cómo es tu trabajo.

Empaqueta tu conocimiento en una newsletter o en un ebook o en una circular o en un "lo que quieras". Empaquétalo y hazlo llegar a aquellas personas que puedan estar interesadas.

La mejor forma de hacerlo es identificar algún tema relevante. Algún tema que pueda interesar a cuantos más mejor. Trabájalo en profundidad y entrégales más valor del que puedan esperar.

Cuenta algo interesante. Aporta alguna solución. Resuélveles algún problema. Ayúdales a mejorar sus vidas.

9.- No utilizas la tecnología

La tecnología está aquí para quedarse. Si no te has dado cuenta todavía, corres el riesgo de perder el tren.

¿Hay que ser un geek o friki de la tecnología? No, tiene que ver poco con todo eso. Enloquecer por la tecnología no te va a reportar ningún beneficio. Los negocios no son tecnología, pero la tecnología te puede ayudar mucho.

Presta atención a las herramientas a tu alcance. Twitter, Facebook, Youtube,... son unos instrumentos que pueden ser fantásticos para mejorar tu marketing.

¿Hay que utilizarlos todos? No. ¿Hay que hacerlo de cualquier manera? No. Analiza las distintas plataformas. Entiende cuál se adapta mejor a tus intereses. Estudia las posibilidades que te ofrecen. Desarrolla una estrategia y ponla en marcha.

10.- No aprovechas todas las posibilidades

En muchas ocasiones, los pequeños detalles pueden ser de gran utilidad. Hay un montón de oportunidades a tu alrededor. Tienes que saber que existen y tienes que aprovecharlas.

Piensa en todo tu material como un gran soporte para tu mensaje. Tus sobres, tus cartas, tus facturas, tus... La lista es interminable. Repasa todas las posibilidades. Piensa cómo puedes utilizarlos y hazlo.

La firma de tu correo electrónico es un ejemplo clásico. ¿Utilizas firma en tus e-mails? ¿Aparece el nombre y el logo de tu compañía? ¿Hay espacio para un eslogan? ¿Colocas estratégicamente los links de tu site y de las redes sociales donde tiene presencia tu empresa? ¿Reflejas...? ¿No? Pues empieza a hacerlo.

11.- No tienes una tarjeta de visita atractiva

No más tarjetas iguales. No más tarjetas blancas y aburridas. No más tarjetas que no dicen nada y que se confunden con el resto de tarjetas que no dicen nada.

La tarjeta de visita es una oportunidad fantástica para decirle a tu interlocutor cómo eres. Sí, claro que tienen que aparecer tu nombre, el cargo y ese tipo de cosas. Hay que poner toda esa información, pero hay que hacerlo de una manera personal. De una manera que te diferencie. Que te haga memorable y que permita que te recuerden.

Utiliza colores, formas, tipografías y diseños que te identifiquen a ti y a tu compañía. Utiliza elementos que transmitan emoción además de información. Utiliza algo diferente.

12.- No promocionas suficientemente a otros

Ésta es una de las estrategias más olvidadas. Parece raro que puedas promocionar tu negocio promocionando a los demás, pero funciona.

Los anglosajones tienen un dicho curioso: "You scratch my back and I´ll scratch yours" (Tú rasca mi espalda y yo rascaré la tuya). Ésa es básicamente la idea. No es demasiado compleja.

Todo lo que tienes que hacer es buscar compañías con las que no compites y que se dirigen al mismo mercado que el tuyo. Elige bien. Escoge aquéllas con las que tienes puntos en común. Compañías con las que compartes valores. Prueba sus productos o servicios. Confirma que tienen calidad, que están a la altura de los tuyos y que pueden ser de utilidad. Cuando lo tengas claro, habla con ellos, plantéales este nivel de colaboración y empieza a promocionarlos.

Hazlo de forma honesta. No promociones nada que no valga la pena, pero si lo tienes claro, hazlo y espera que los demás lo hagan contigo.

13.- No colaboras con causas sociales

El hecho de devolver a la sociedad parte de lo que la sociedad te ha dado es algo increíble. Cuando lo haces, te sientes bien. Cuando ofreces tus servicios como voluntario en alguna causa relacionada con tu compañía, consigues varias cosas: hacer algo que merece la pena, dar visibilidad a tu negocio y ganarte el respeto de todos.

Ése es el secreto del marketing social. Hacer que los demás se sientan bien a la vez que impulsas tu negocio.

Busca en tu área de influencia organizaciones sin ánimo de lucro que tengan relación con lo que haces. Contacta con ellas y ofrece tus servicios. A partir de ahí, a colaborar.

14.- No recoges tus casos de éxito

Es increíble la cantidad de empresas que no tienen un histórico de sus actuaciones. Todos tus proyectos son tu contenido. Cuantos más proyectos documentes, más contenido tendrás a tu disposición para utilizarlo como te parezca oportuno (site, catálogos, anuncios, presentaciones,...).

El contenido es importante, pero los casos de éxito son fundamentales. Los casos de éxito te ayudan a vender. Te ayudan a mostrarles a tus clientes potenciales cómo has resuelto con éxito problemas similares a los suyos. Te ayudan a decirles a todos que eres capaz de darles una solución.

Decide qué estructura quieres darles: antecedentes, situación, análisis, posibles soluciones, decisión, puesta en marcha, seguimiento y resultados. Ésta puede ser una estructura, pero cualquier otra que te permita argumentar la calidad de tu servicio es válida. Ponlo en marcha hoy y empieza a sacarle partido a tus casos de éxito ya.

15.- No controlas tu discurso de ventas

Es típico de los que empiezan. Quieren vender y lo intentan. Lo intentan de una manera muy evidente. Venden, venden, venden,...

Está bien. Quieres vender, pero tus clientes, aunque te parezca extraño, no quieren que les atosigues o que les presiones o que les fuerces a tomar ninguna decisión. Tus clientes no quieren charlatanes de feria.

Las cosas son distintas. Los tiempos cambian y todo el mundo evoluciona. Lo que antes funcionaba es posible que ya no funcione. Los estilos de venta también se transforman.

Ahora funciona otra cosa. Funciona la confianza. Funciona el hecho de conocer a tu cliente, preocuparte por sus problemas, demostrarle que sabes de lo que hablas, profundizar en la relación y... vender. Claro que sí, pero hacerlo cómo corresponde, cuándo corresponde y a quién corresponde.

Ésa es la nueva fórmula. Hay otras, pero ésta funciona. Funciona especialmente en el mundo de los servicios.

16.- No conoces suficientemente tu producto

¿No puede ser? Sí, es. ¿No puede ser que alguien no conozca su producto? Sí, hay un montón de vendedores que no saben realmente qué es lo que están vendiendo.

Claro que no me refiero a las características de tu producto o servicio: cómo es, qué hace,... Supongo que cualquiera que sale por ahí a vender algo debe conocer esos cuatro datos básicos. Pero te tengo que decir algo: esos datos no te van a ayudar a vender. Esos datos no le interesan a nadie.

Conocer tu producto es otra cosa. Conocer tu producto tiene que ver con saber para qué sirve. Saber qué beneficio aporta a tus clientes. Saber qué problema les soluciona. Saber, de verdad, cuál es el valor real de tu producto para tus clientes.

Cuando lo sabes, tu manera de vender es distinta. No hablas de características técnicas. Hablas del sentido que tu producto tiene para tu cliente. Hablas de la razón por la que tu cliente necesita tu producto.

17.- No tienes un sistema

Tu marketing necesita sistemas. Todo necesita sistemas. Un sistema es una serie de acciones que repetidas de la misma manera arrojan resultados predecibles.

Mira un momento tus acciones de marketing. ¿Qué has hecho? ¿Cómo las trabajas? ¿Qué resultados has obtenido?

Es muy probable que hayas realizado alguna acción de marketing directo por correo en alguna ocasión o alguna cuña de radio o algún modulo en tu periódico local o cualquier otra cosa parecida.

Es probable que sea así porque todos hacen básicamente lo mismo. También es probable que no tengas muy claro qué resultados te han proporcionado esas acciones.

Cuando actúas así, estás actuando sin sistema. Estás actuando por impulso. Puede ser divertido, pero seguramente no es muy rentable.

El marketing es un sistema. Es un sistema que se ajusta constantemente. Realizamos una serie de acciones para conseguir clientes potenciales. Para conseguir que nuestros clientes potenciales se conviertan en clientes. Para conseguir que nuestros clientes repitan y para conseguir que nuestros repetidores se queden siempre con nosotros.

Realizamos acciones y medimos los resultados. Nos quedamos con las acciones que nos dan buenos resultados y eliminamos el resto. Así, una y otra vez. Una y otra vez. Así siempre. Así se construyen los sistemas.

18.- No te preparas lo suficiente

No hay mucha ciencia. Por lo general, los resultados son fruto de la combinación de la experiencia y el conocimiento. Si falla alguno de los dos elementos, el modelo no funciona.

La experiencia es importante porque ayuda a pulir el conocimiento, a adaptarlo a tu realidad, a hacer que valga mucho más.

El conocimiento es fundamental porque te abre posibilidades. El conocimiento te arranca de la inercia y te enseña nuevos caminos.

La experiencia te la vas encontrando, pero el conocimiento tienes que perseguirlo. No dejes nunca de hacerlo. Cuando te quedas sin conocimiento, te quedas sin alternativas.

Es una cuestión de decisión. Cuando lo tienes claro, el resto es fácil. Puedes leer libros, puedes consultar algún blog interesante, puedes asistir a seminarios, puedes tener un mentor, puedes ver lo que se hace en otros sitios, puedes... Puedes hacer un montón de cosas. Hazlas

19.- No dosificas la venta

Todo tiene que ver con la cantidad y la claridad. Si la idea es contactar con un cliente e intentar venderle todo lo que puedas al mismo tiempo, las cosas no van bien.

La idea no puede ser ésa. La idea es tener clientes satisfechos a los que les puedes vender en más ocasiones.

La oportunidad de contacto con un cliente es limitada: el tiempo que estás con él, una cuña de radio, un anuncio de prensa, una carta, un... Cuando rellenas esa oportunidad de mensajes, lo único que transmites es confusión. Demasiados productos. Demasiados argumentos.

Uno de los grandes secretos del marketing es la claridad. Cuando tienes la atención de tu cliente, tienes que lanzar cuantos menos mensajes mejor. Uno mejor que dos. Menos cantidad igual a más claridad.

Cuando lanzas un solo mensaje no hay posibilidad de confusión. Tienes toda su atención. Lo único que tienes que hacer es dirigirte a él y decirle porqué tu producto o servicio va a solucionar su problema.

20.- No hablas de ellos

Es tan simple como coger una revista o un periódico o mirar un rato la televisión y fijarse en los anuncios. ¿Cuántas veces aparece la palabra vosotros? ¿Cuántas veces aparece la palabra tú?

Es curioso. Te diriges a tus clientes, pero hablas de ti, de tus productos, de lo buenos que son, de lo bien que haces todo, de... Hablas de un montón de cosas menos de lo que realmente importa... de ellos.

La comunicación comercial es para ellos. Para tus clientes. Habla de ellos, de sus problemas, de lo que les importa, de sus preocupaciones, de...

Haz que se sientan identificados. Que sepan que hay alguien que les comprende. Alguien que sabe lo que necesitan.

La comunicación consiste en eso. En demostrarles que les entiendes y porque les entiendes puedes ayudarles. ¿Cómo podrías hacerlo de otra manera?

Tienes que tenerlo presente la próxima vez que contrates una página de periódico o una cuña en tu emisora local o cualquier otro medio. La comunicación no es una cuestión de yo, mi, me, conmigo. La comunicación es una cuestión de tú, ti, te, contigo.

21.- No aumentas tus conexiones

¿Conoces la teoría de los 6 grados de separación? Se trata de una teoría interesante que está en la esencia de las relaciones sociales.

El primero en formular dicha teoría fue el escritor húngaro *Frigies Karinthy*. Su propuesta intentaba demostrar que, a través de una determinada cadena de conocidos, se puede contactar con cualquier persona del mundo.

El argumento era sencillo. Cada persona tiene un número de conocidos que, a su vez, tienen un número de conocidos que, a su vez, tienen..., y, así, hasta que, a través de esta cadena de conocidos, se conecta a toda la población mundial.

Vives en un mundo que funciona con conexiones. Cuantos más contactos tienes, más probabilidades tienes de llegar a más gente y de hacer que las cosas funcionen mejor. También tu negocio.

Las cosas son así. Los contactos son importantes. A partir de ahí, puedes hacer lo que quieras, pero este principio no va a cambiar.

¿Recomendación? Sal y conecta. Conéctate con cuantos más mejor. Descubre los sitios donde se reúnen tus clientes, los eventos a los que acuden, la gente con la que se relaciona. Hazte una lista con todos ellos y empieza a frecuentarlos, a relacionarte con la gente y a aumentar tu red de contactos.

Recuerda que tus conocidos tienen conocidos que, a su vez, tienen conocidos que... y así sucesivamente. Si quieres que tu mensaje se amplifique y llegue a todas partes, conéctate.

22.- No disparas a la diana correcta

El tema es sencillo. Pregunta a cualquier emprendedor que conozcas por sus clientes. ¿Cómo son? Es muy probable que todo lo que obtengas sea una respuesta ambigua del tipo: "Bueno... la gente que consume mi producto es de muchos tipos... Ya sabes, es difícil decir si son estos o los otros. En general... son más o menos todos".

Ésa no es una buena respuesta. Cualquier respuesta que no defina claramente quienes son tus clientes, qué edades tienen, dónde viven, a qué se dedican, cuáles son sus intereses,... no es una buena respuesta.

Además, si tu amigo emprendedor no tiene esta respuesta clara y concreta por escrito, la fuerza de la respuesta es menor.

Tus clientes son tu diana. Si no sabes quiénes son, dónde están y cómo se comportan, ¿cómo vas a contactar con ellos?

Imagínate la situación. Te ponen una venda en los ojos y te dicen que dispares a una diana que no sabes dónde está. ¿Cuáles son las probabilidades de acertar? Seguramente, pocas. De hecho, si al final das en la diana no es más que casualidad.

No sé tú, pero a mí no me hace una gracia especial pensar que mi negocio está en manos de la casualidad o en manos de nadie que no sea yo mismo y mis clientes.

23.- No mantienes contacto con tus clientes antiguos

Los clientes vienen y van. Ésa es la regla. Es mejor que vengan más y se vayan menos, pero, al final, es inevitable que algunos de ellos dejen de ser tus clientes.

Seguro que hay muchas razones para que esto ocurra. Si se marchan porque no has sabido tratarles correctamente, tómalo como una lección cara y aprende de tus errores, pero si se han marchado, simplemente, porque cubrieron su necesidad, no es inteligente olvidarse de ellos.

Tus clientes antiguos son una fuente de ingresos. Quizá no ahora, pero seguro que pueden serlo cuando les surja de nuevo la necesidad.

¿Qué hay que hacer? Mantener el contacto. Es difícil que puedan acordarse de ti si ya no existe ningún vínculo.

Mantenles en tus listas de correo. Envíales boletines con información. Felicítales por navidad o llámales de vez en cuando. Todos los canales son buenos si consigues que se acuerden de ti. Si consigues que, cuando surja la necesidad, tu opción sea la primera entre todas las opciones existentes.

24.- No te diferencias lo suficiente de la competencia

Ser igual que los demás significa tener las mismas posibilidades que los demás. ¿Tú quieres tener las mismas posibilidades que los demás?

Supongo que no. De hecho, el éxito de cualquier negocio pasa por tener más posibilidades que los demás. Por ser más elegible que el resto de tus competidores.

Lamentablemente, esto no es gratis. Para no ser igual que los demás, tienes que hacer cosas que te diferencien. Pero no basta con eso. Además de diferenciarte tienen que ser valoradas por tus clientes.

Sí, no basta con ser diferente y ya está. Ser diferente es el principio. Después, tienen que añadir valor. Ésa es la ecuación. Diferencia y valor.

La diferencia es mágica. Cuando trabajas la diferencia de tu negocio, cuando haces algo que te hace sobresalir entre todos los demás, te colocas en otra dimensión.

Dejas de competir. ¿Por qué? Porque eres diferente. Porque no haces lo mismo que el resto. Porque no te pueden comparar y, cuando no hay comparación, no hay competencia. Estás en otro sitio en la mente del consumidor y eso es notorio y tiene consecuencias positivas.

¿Compite Starbucks con cualquier otro establecimiento que sirve café? No. Son completamente distintos. Starbucks es Starbucks. Un sitio donde puedes disfrutar de un café fantástico en un entorno agradable a un precio muy alto. ¿Por qué? Porque es diferente.

Tu diferencia es el activo de tu negocio. Hay negocios que tienen diferencia y hay negocios que no la tienen. Por lo general, ganan siempre los que tienen diferencia.

25.- No pareces profesional

Si andas como un pato, nadas como un pato y graznas como un pato, eres un pato, aunque seas un elefante.

Las cosas no son lo que son. Las cosas son lo que parecen. Puedes ser un gran profesional, pero si no lo pareces, no lo eres.

¿Qué quiere decir esto? Quiere decir que no basta con serlo, además hay que aparentarlo y hay que aparentarlo a todos los niveles.

Tu marca es importante. Tu logotipo es importante. Tu eslogan es importante. Tu oficina es importante. Tu manera de vestir es importante. Tu... Todo lo que te rodea a ti y a tu negocio es importante.

Tienes la obligación de cuidar todos los detalles. Detalles grandes y detalles pequeños. Todos los detalles que pueden proyectar una imagen tuya o de tu negocio. Los grandes negocios tienen grandes imágenes. Los otros no.

26.- No te centras en un nicho

Muchos piensan que más es mejor. Que dirigirse a más empresas o a más personas funciona mejor. Es una idea natural. Parece que si vas a todos es más fácil llegar. Si intentas tocar todos los palos, algo pasará finalmente.

Las cosas no son así. Por lo menos no son siempre así. Puede parecer extraño, pero lo que funciona es justo lo contrario. Funciona mejor cuando te diriges a menos. Cuando el objetivo de tu negocio no son todos sino un grupo seleccionado de empresas o personas.

A esto se le llama nicho. No es intuitivo, pero funciona. Cuando te diriges a un grupo en lugar de a todos, te conviertes en el especialista de ese grupo.

¿Tiene limitaciones? Claro que las tiene. Todos los que no pertenecen a ese grupo jamás serán clientes tuyos. Es una limitación a medias. Es muy probable que disparando a todos tampoco consigas que sean clientes tuyos.

¿Los pros de la situación? Fácil. Cuando cualquier integrante de ese grupo homogéneo que has seleccionado tenga una necesidad, pensará en ti. Pensará en ti antes que en nadie.

¿Por qué? Porque tú eres el especialista. Éste es un mundo de especialistas. Médicos del aparato digestivo. Abogados especializados en separaciones... Nos gustan los especialistas. Nos fiamos de ellos. Tiene sentido. Ellos son los que saben más de algo en concreto. A ellos tenemos que acudir cuando tenemos esa necesidad.

Si te diriges a clientes demasiado diferentes u ofreces productos poco consistentes, es tiempo de cambiar. Es tiempo de definir qué grupo de empresas o personas quieres servir y con qué productos o servicios quieres servirles. Cuando lo hagas, recuerda que menos es más.

27.- No miras a tu alrededor

Hay que mirar lo que pasa a tu alrededor. El mundo cambia, evoluciona y se transforma a tu alrededor y todo lo que tienes que hacer para saber qué está pasando es mirar.

Hay que mirar a la competencia. Hay que mirarles para ver qué es lo que hacen mal y cómo puedes mejorarlo, pero también hay que mirarles para ver todo lo que hacen bien y ver cómo puedes adaptarlo o contrarrestarlo.

Mira cerca de ti. Lo que hacen los que están más próximos. Siempre son una buena referencia. Pero también hay que mirar lo que hacen los que están más lejos. Viaja, sal y estudia cómo evolucionan las cosas fuera de casa. Cuanto más lejos mejor. Cuanto más lejos mires es posible que las novedades sean más novedades y que los cambios sean más radicales.

También hay vida fuera de la competencia. A veces hay que mirar en muchas direcciones. No tienes que centrarte sólo en tus competidores. Sí, hay que estudiarlos, pero también hay que estudiar lo que hacen otros sectores, otras industrias.

Por lo general, los grandes avances se producen cuando importas algo de otro sector al tuyo. La costumbre en un sitio es la novedad más absoluta en otro.

Mira por todos los rincones. Encuentra algo que te interese. Adáptalo a tu negocio y ponlo en funcionamiento.

28.- No compartes

¿Cuál es la mejor manera de mostrarle al mundo lo que sabes? Compartir. Compartir tanto como te sea posible.

La confianza no se gana por decreto. La confianza se gana demostrando una y otra vez lo que puedes hacer.

La secuencia no funciona "consigo clientes, pagan mis servicios, me gano la confianza". La secuencia funciona "comparto conocimiento, demuestro lo que soy capaz de hacer, lo hago muchas veces, me gano la confianza, genero autoridad, consigo clientes, pagan por mis servicios".

Primero la confianza y después el negocio. Siempre es así. Confianza y negocio. Compartir es bueno para la confianza y la confianza es buena para el negocio.

Comparte sin miedo. El nivel de tu autoridad depende del nivel de todo lo que compartes. Más contenido y más nivel es igual a más autoridad y más negocio.

29.- No tienes una base de datos de clientes

Tus clientes son tu gran activo. Es difícil decirlo de una forma más clara. Tu negocio vale lo que vale tu cartera de clientes.

Imagina que tus clientes son como tus ahorros. ¿Qué haces con ellos? Los cuidas. Los mueves donde mejor pueden estar, donde más rentabilidad te pueden dar. Siempre estás encima de ellos para saber qué decisión tomar, cómo sacarles el máximo partido.

Tus clientes funcionan igual. Tienes que estar encima de ellos. Tienes que saber qué decisiones tomar. Tienes que saber cómo manejarlos.

La mejor manera de empezar es tenerlos controlados. Tener una base de datos que te permita saber quiénes son, dónde están, qué compran, qué podrían comprar,...

No hay que volverse loco. No hay que rellenar un montón de campos. Hay que rellenar lo que hay que rellenar. Hay que recoger la información relevante, la que te puede ayudar a ti a servir mejor a tus clientes. Olvídate del resto. Céntrate en lo importante y empieza a construir tu base de datos.

30.- No tienes un blog

Sí, al final, apareció. Siempre aparece. Aparece porque es importante, porque es una gran plataforma para comunicarte con tu mercado, porque es gratis, porque es un escaparate fantástico para mostrar al mundo cómo puedes ayudarle, porque te da autoridad, porque resultas mucho más creíble, porque...

Hay un montón de razones para empezar un blog. No te voy a contar cómo hacerlo. Ahí fuera hay ríos de información que te pueden ayudar.

No, no es fácil. No es fácil hacerlo bien. Un blog necesita dedicación, tiempo y esfuerzo. Es así. Si te digo algo diferente, te engaño. No vale con abrir el software y escribir cualquier cosa. Bueno, puedes hacerlo, pero no sirve de mucho. Es cierto. No vale cualquier cosa. Sólo vale tu cosa y tu cosa debe ser buena.

En cualquier caso, lo más importante a la hora de pensar en un blog es lanzarse. Arranca y empieza a escribir. No pasa nada si lo primero que escribes no te convence plenamente. Es una cuestión de tiempo e información. Cuanto más tiempo y más conocimiento vayas acumulando, mucho mejores serán tus artículos.

Es posible que no haya recogido aquí todas las razones que hacen que tus ventas no crezcan tanto como te gustaría. No lo sé. Razones hay muchas, pero seguro que aquí tienes una lista lo suficientemente grande como para empezar.

Los negocios siguen algunas leyes fundamentales y una de ellas es que los negocios que eliminan las razones que les impiden crecer crecen más. Sencillo, pero funciona.

Puede ser el momento de empezar a eliminar razones. Empieza por la que quieras. Todas son buenas. Lo importante no es la razón que elijas. Lo importante es empezar. Cuando lo hayas hecho, el resto es mucho más fácil.

www.ingramcontent.com/pod-product-compliance
Lightning Source LLC
Chambersburg PA
CBHW020635220526
45464CB00001B/158